AF150352

Adolf Kirchhoff

Studien zur Geschichte des griechischen Alphabets

Adolf Kirchhoff

Studien zur Geschichte des griechischen Alphabets

ISBN/EAN: 9783743331976

Hergestellt in Europa, USA, Kanada, Australien, Japan

Cover: Foto ©ninafisch / pixelio.de

Manufactured and distributed by brebook publishing software
(www.brebook.com)

Adolf Kirchhoff

Studien zur Geschichte des griechischen Alphabets

STUDIEN

ZUR GESCHICHTE

DES

GRIECHISCHEN ALPHABETS

VON

A. KIRCHHOFF

ZWEITE AUFLAGE

BERLIN

FERD. DÜMMLER'S VERLAGS-BUCHHANDLUNG

HARRWITZ UND GOSSMANN.

1867.

Vorwort zur zweiten Auflage.

Da es mir an Zeit fehlt mit einzelnen Theilen meiner Arbeit diejenige Umgestaltung vorzunehmen, die sich aus formalen Gründen allerdings empfehlen würde, so erscheint der gegenwärtige zweite Abdruck, welchen die verehrliche Verlagsbuchhandlung gewünscht und die K. Akademie der Wissenschaften genehmigt hat, in wesentlich unveränderter Gestalt; nur die Druckfehler habe ich verbessert und in einer der Anmerkungen einen einzigen kleinen Satz zu tilgen nicht unterlassen können, den das Übersehen eines Schreibfehlers eingegeben hatte. Dagegen habe ich es für meine Pflicht gehalten, bei dieser Gelegenheit den Stoff nicht ganz unverwerthet zu lassen, welchen seit dem ersten Erscheinen der Abhandlung weitere Entdeckungen der epigraphischen Wissenschaft zugeführt haben, und desshalb eine Reihe von Zusätzen gemacht, in denen jener Zuwachs nachgewiesen und die daraus abzuleitenden Erweiterungen und genaueren Bestimmungen unseres Wissens kurz angedeutet werden. Es erschien zweckmässig diese Zusätze im Texte durch Einklammerung als solche zu kennzeichnen, auf den beiden beigegebenen Alphabettafeln dagegen von einer äusserlichen Unterscheidung des Ursprünglichen von dem später Hinzugekommenen abzusehen.

Berlin im Mai 1867.

A. K.

Eine Untersuchung, welche die Geschichte des griechischen Alphabets sich zum Vorwurf nimmt, kann von einer doppelten Grundlage ausgehen. Sie kann sich einmal stützen auf die Überlieferung, sodann aber auf das Zeugnifs der uns erhaltenen epigraphischen Denkmäler der verschiedensten Zeiten. Die Überlieferung aber erweist sich bei näherer Prüfung als durchaus unzuverlässig und nicht geeignet als Grundlage benutzt zu werden, nicht nur defshalb, weil sie in den meisten Punkten auf den Angaben späterer Grammatiker beruht, deren Verhältnifs zu ihren Quellen wir zu controlliren nicht mehr im Stande sind, sondern auch dadurch, dafs ihr Inhalt theils ein völlig mythisches Gepräge trägt, theils mit den Zeugnissen gleichzeitiger Inschriften fast durchweg in einem nicht zu lösenden Widerspruche sich befindet. Wenn diese Überlieferung z. B. dem Dichter Simonides von Keos die Erfindung der Buchstaben η ω ξ ψ zuschreibt, so beweisen die Urkunden, dafs diese Angabe in Bezug auf das η, ξ und ψ in keinem Sinne, den man ihr unterzulegen geneigt sein könnte, richtig sein kann, und es streitet wider alle Grundsätze einer gesunden Methode ihr in Bezug auf das ω Glaubwürdigkeit beizumessen, gesetzt auch, die Inschriften sprächen nicht dagegen, wie dies doch der Fall ist. Die einzige wirklich geschichtliche Thatsache, welche allenfalls der Überlieferung zu entnehmen wäre, ist die, dafs das griechische Alphabet aus dem phoenikischen abgeleitet ist; allein auch diese Angabe würden wir dahingestellt sein zu lassen genöthigt sein, wenn wir uns nicht in der Lage befänden sie anderweitig zu erhärten und als begründet nachzuweisen; auch hier ist es lediglich die Kenntnifs des phoenikischen Alphabets und nicht die Überlieferung, welche Sicherheit gegeben hat und allein geben konnte.

Unter diesen Umständen scheint es gerathen, die Überlieferung als für die Untersuchung gar nicht vorhanden zu betrachten, und letztere lediglich auf das zwar nicht immer ausreichende, aber dafür durchaus zuverlässige Zeugniſs der epigraphischen Urkunden zu gründen. Bekanntlich ist das gemeingriechische Alphabet der späteren Zeit aus dem der kleinasiatischen Ioner hervorgegangen, welches letztere als die vollkommenste Darstellung des griechischen Lautsystems von den übrigen griechischen Stämmen allmälig adoptirt worden ist. Wir wissen, daſs diese Reception in Athen Ol. 94, 2 Statt gefunden hat, und alle Spuren leiten darauf hin, daſs im ganzen übrigen Griechenland das Gleiche etwa um dieselbe Zeit geschehen ist. Demnach hat die Untersuchung der Geschichte des griechischen Alphabets sich ausschliefslich auf eine Analyse desjenigen epigraphischen Materials zu stützen, welches den Zeiten vor dem Ende des peloponnesischen Krieges angehört. Der wichtigste Theil desselben ist zwar im *C. I. G.* in der die Sammlung eröffnenden Abtheilung der *Inscriptiones antiquissima scripturae forma insigniores* vereinigt, ein anderer aber nicht minder wichtiger und unentbehrlicher ist, auch abgesehen von der Masse der attischen Inschriften, durch die ganze Sammlung zerstreut; zahlreiche während des Erscheinens und nach dem Abschluſs der Sammlung erfolgte Entdeckungen in die angegebene Zeit gehöriger Denkmäler haben zwar dazu beigetragen der Untersuchung eine breitere Grundlage zu verschaffen und die Möglichkeit an die Hand gegeben, die Darstellung, welche auf Grund der bis dahin bekannten Hülfsmittel Franz in seinen *Elementa epigraphices Graecae* gegeben hatte, zu berichtigen und weiter auszuführen, aber auch bei der immer zunehmenden Zersplitterung des Materials die Übersicht in einer Weise erschwert, welche den zu erhoffenden Gewinn bisher illusorisch gemacht hat. Ich glaube daher durch die nachstehende Abhandlung, in welcher das gesammte epigraphische Material der angegebenen Zeit übersichtlich geordnet und kritisch behandelt worden ist, einem wirklichen Bedürfnisse abzuhelfen, und wenn auch die letzten Fragen, auf welche die Untersuchung schliefslich hinausläuft, mehr angedeutet als gelöst erscheinen sollten, so darf ich doch hoffen durch die gewonnenen einfachen Resultate die Erkenntniſs des Entwickelungsganges, den das griechische Alphabet genommen, um ein gutes Stück gefördert und die Untersuchung wenn nicht zum Abschluſs gebracht, doch demselben ansehnlich genähert zu haben.

Als maſsgebend für die Anordnung des zu behandelnden Stoffes ist der geographische Gesichtspunkt festgehalten worden; erst in zweiter Linie und innerhalb der von jenem aus gewonnenen Eintheilung ist der chronologische in Betracht gezogen worden. Ich halte es indessen für überflüssig hier die Gründe besonders auszuführen, welche diesen Weg als den einzigen erscheinen liefsen, auf dem zu einer klaren Einsicht in die mannigfach verwickelten Verhältnisse zu gelangen war, und überlasse es dem Urtheile über den erzielten Erfolg, der allein entscheiden kann, auszumachen, ob die befolgte Methode eine zweckmäfsige war oder nicht. Von dem genommenen Standpunkt aus zerfallen die griechischen Alphabete in zwei grofse, in dem eigentlichen Hellas sich kreuzende, Gruppen, eine östliche und eine westliche, welche durch specifische Eigenthümlichkeiten von einander gesondert und in sich selbst geeinigt erscheinen, und deren Charakter trotz aller individuellen Mannigfaltigkeit ihrer Glieder im Einzelnen und im Ganzen fest und unverkennbar ist. Die Betrachtung geht von der östlichen Gruppe aus und knüpft zunächst an die Besprechung desjenigen Gliedes derselben an, welches bestimmt war, alle anderen zurücktreten zu lassen und von allen griechischen Stämmen ohne Ausnahme recipirt zu werden, des Alphabets der kleinasiatischen Ioner in seiner Entwickelung bis gegen das Ende des peloponnesischen Krieges. Um sicher zu gehen, habe ich es für nothwendig erachtet, hier mit den jüngsten Denkmälern den Anfang zu machen und erst nachdem durch deren Betrachtung eine zuverlässige Grundlage gewonnen schien, zu den älteren und ältesten fortzuschreiten. Der weitere Gang der Untersuchung war durch das angenommene Princip und die Natur der Sache selbst vorgezeichnet und bedarf keiner weiteren Erläuterung oder Rechtfertigung.

I.
Die Alphabete des Ostens.

1. Das Alphabet der Ioner in Kleinasien.

1. Das erste Denkmal, welches ich in Erwägung ziehe, ist die in ionischem Dialekt verfaßte Urkunde des dorischen Halikarnassos, welche Hr. Newton bei Gelegenheit seiner Nachgrabungen in dem heutigen Budrun fand und auf Taf. LXXXV seiner Publication herausgegeben, auch S. 23 ff. des dazu gehörigen Textes, zunächst nur im Vorbeigehen, besprochen hat. Ich betrachte diese in mehrfacher Beziehung wichtige und merkwürdige Urkunde hier lediglich von Seiten ihrer palaeographischen Beschaffenheit und gehe auf den Inhalt nur so weit ein, als unerläßlich scheint, um die Zeit zu bestimmen, in welche sie mit Wahrscheinlichkeit zu setzen ist.

Ihren Inhalt bildet laut Z. 1-6 ([Τάδ]ε . . . . . . ὁ δῆμος τῶ[ν] Ἀλικαρν[ησσέω]ν καὶ Σαλμακι[τ]έων καὶ Λύγ[δα]μις ἐν τῇ ἱερῇ[ι] | ἀγορῇ μηνὸ[ς Ἑ]ρμαιῶνος πέμ[π]τῃ ἱσταμέ[νου ἐ]πὶ Λέοντος πρυ|ται[εύον]τος τ]οῦ Ὀατάτιος κτί.) ein Übereinkommen zwischen den Gemeinden von Halikarnassos und Salmakis und dem aus Herodots Leben bekannten karischen Fürsten, oder, wie die Griechen sagen, Tyrannen Lygdamis. Durch die Zerstörung der ersten Zeile bis auf wenige Buchstabenreste ist zwar das Verbum verloren gegangen, allein der Umstand, daß die genannten Gemeinden dem Lygdamis coordinirt als Subjecte erscheinen, so wie, daß ihre Namen dem des Lygdamis vorangestellt sind, beweist zur Genüge, daß wir es nicht mit einem unter der Herrschaft und Sanktion des letzteren gefaßten Beschlusse dieser Gemeinden zu thun haben *), sondern, wie gesagt, einem Vertrage oder Übereinkommen, das von ihnen einer- und Lygdamis andrerseits als beziehungsweise gleichberechtigten Parteien geschlossen zu denken ist. Der materielle Inhalt dieses Übereinkommens wird dann im Verlauf der Urkunde als für die beiden Städte geltendes Gesetz bezeichnet und dessen Verletzung mit schwerer Ahndung bedroht, Z. 32 ff.: [τὸν] νόμον | ἤν τις Ξἐλῃ [συγ]χέαι ἤ προ-Ξῆται[ι] ψῆφον, ὥστε μ[ὴ ε]ἶναι τὸν νόμο|ν τοῦτον, τὰ ἐάν[τα] αὐτοῦ πεπρῆτσῶ| καὶ τωπέλλων[ος] εἶναι ἱερὰ καὶ α|ὐτὸν φεύγειν ἀ[εί]. ἤν

---

*) Etwa wie in den Dekreten von Mylasa, C. I. G. 2691 c. d. e, aus der Zeit des zweiten Maussollos.

δὶ μὴ ἦ αὐ[τ]ῳ ἄξια δίκα [στα]τέρων, αὐτὸν [π]|ἐπρῆσθαι ἐπ' [ἰξα]-
γωγῇ καὶ μγ[δ|α]μᾶ κά⟨θ⟩οδον [ἰῶ]τι ἐς 'Αλικα⟨ρ⟩|ηστέν. Zweck der
Übereinkunft ist, so viel sich übersehen läfst, eine gesetzliche Regelung der Besitzverhältnisse, wie sie nur in Folge einer gewaltsamen
politischen Umwälzung nothwendig geworden sein kann. Es wird
festgesetzt, dafs als legitimirte Eigenthümer diejenigen Personen
gelten sollen, welche sich in einer bestimmten Zeit im faktischen
Besitze befunden haben, so weit sie nicht durch Verkauf später sich
desselben entäufsert haben, Z. 29 ff.: κ|ηρτερούς (d. i. κυρίους) δ' εἶναι
γ[ῆς κ]αὶ οἰκίων, οἵτινες | τότ' εἴχον, ὅτε ['Απο]λωνίδης καὶ Πανα|μύης
ἐμνημό[νευ]ον *), εἰ μὴ ὕστερο|ν ἀπεπέρασαν. Dafs damit ein Zeit-
punkt bezeichnet werde, der mit dem des Abschlusses der Übereinkunft nahezu zusammentrifft, beweist der Eingangsparagraph, Z. 8 ff.:
([τοὺς] μ[νή]μονας μὴ παρ[α]διδό[ναι] μή[τε] γῆν μήτε οἰκ[ί]α] τοῖς μή-
μ[οσ]ιν ἐπὶ 'Απολω|νίδεω τοῦ Λυ[γδά]μιος μνημοσι|ύοντος καὶ [Πα]-
νυύω τοῦ Κασσⁱθυⁱ]λλιος καὶ Σ[α]ⁱ]μακιτέων μνη|μοσιⁱ:όντο:[ν Μ]εγαβάτεω
τοῦ 'Αφυάσιος κ.ι[ὶ Φο]ρμίωνος **) τοῦ Π[α]|νυάτιος. ἦν δ[έ τις] Σίλη
δικά⟨ζε]|σθαι u. s. w., obwohl mir dessen Sinn noch nicht vollstän-
dig klar geworden ist. Soviel ist indessen ohne grofse Mühe er-
sichtlich, dafs die Bestimmung, welche hier getroffen wird, gültig
sein soll für die Zeit, in der die genannten Personen, offenbar dieselben, wie in der so eben ausgehobenen Stelle, das Amt von Mnemonen bekleideten, woraus folgt, dafs die Übereinkunft, von der
diese Bestimmung einen integrirenden Theil ausmacht, entweder
während der Zeit ihrer Amtsverwaltung, oder unmittelbar vor
derselben, aber nach ihrer Ernennung oder Wahl zum Amte, mufs
geschlossen worden sein. Es wird ferner bestimmt, dafs während
eines Zeitraumes von achtzehn Monaten für Anspruch Erhebende
der Rechtsweg offen stehen, nach Ablauf desselben aber etwaigen
Ansprüchen gegenüber dem factischen Besitzer ein Manifestationseid
verstattet sein solle. Jene achtzehn Monate aber werden von einem
Zeitpunkt gerechnet, dessen nähere Bezeichnung in der vorliegenden
Abschrift der Urkunde leider nicht richtig gelesen zu sein scheint.

---

*) Aristoteles Politik VII, 8. ἑτέρα δ' ἀρχὴ πρὸς ἣν ἀναγράφεσθαι δεῖ τά
τε ἴδια συμβόλαια καὶ τὰς κρίσεις ἐκ τῶν δικαστηρίων· παρὰ δὲ τοῖς αὐτοῖς τούτοις
καὶ τὰς γραφὰς τῶν δικῶν γίνεσθαι δεῖ καὶ τὰς εἰσαγωγάς. ἐνιαχοῦ μὲν οὖν μερί-
ζουσι καὶ ταύτην εἰς πλείους, ἔστι δὲ μία κυρία τούτων πάντων· καλοῦνται δὲ ἱερο-
μνήμονες καὶ ἐπιστάται καὶ μνήμονες καὶ τούτοις ἄλλα ὀνόματα σύνεγγυς.

**) So Hr. Newton.

Wir lesen nämlich Z. 16 ff.: ἦν δ[ὶ τις] ϑέλῃ δικάζ[ε]τϑαι περὶ γῆ[ς ἤ] οἰκίων, ἐπικαλ.[εἰ]|τω ἐν ὀκτὼ κα[ὶ δέ]κα μηγὶν *) ΑΠΟΤ . . | ΟΑΔΟΣ ἐγίνε[το], wobei zu beachten ist, dafs die Zeilen in dieser Gegend sämmlich am Schlusse einen Buchstaben eingebüfst haben und demnach anzunehmen ist, dafs auch Z. 18 hinter ΑΠΟΤ wenigstens ein, vielleicht auch mehrere Zeichen zu ergänzen sind.

Ich glaube nicht, dafs unter diesen Umständen aus der vorliegenden Lesung ohne Änderung des einen oder anderen Buchstaben ein Sinn herausgebracht werden kann, und halte, von der Voraussetzung ausgehend, dafs eine Änderung geboten sei, für sehr nahe liegend die Annahme, dafs auf dem Stein gestanden habe ΑΠΟΗ[ΚΑ]| ΘΟΔΟΣΕΓΕΝΕ[ΤΟ], d. h. ἀπ᾿ οὗ ἡ κάϑοδος ἐγένετο. Diese, vermuthlich mit Gewalt erzwungene, 'Rückkehr' von Verbannten war demnach diejenige politische Katastrophe, welche die durch das vorliegende Gesetz bezweckte Regelung der Besitzverhältnisse nöthig machte, und müfste, da von der gestellten Frist von achtzehn Monaten zur Zeit, als das Gesetz erlassen wurde, ein nur geringer Theil verstrichen angenommen werden kann, ganz kurze Zeit vor diesem Erlasse und der Epoche unserer Urkunde Statt gefunden haben. Der Streit der Parteien scheint durch einen von beiden Seiten beschworenen Compromifs beendigt worden zu sein, eine Thatsache, auf welche eine Wendung im letzten, leider nicht vollständig erhaltenen, Satze der Urkunde sich zu beziehen scheint, Z. 41 ff.: Ἀλικα[ρνη]σσέων δὲ τῶς σ|υμπάντων τ[ούτ?]ω ἐλεύϑερον εἶναι, ὃς ἂν ταῦτα μ[ὴ παρ]αβαίνῃ, κατό|περ τὰ ὅρκια ἔτα[μον] καὶ ὡς γέγραπ|ται ἐν τῷ Ἀπολλ[ωνί]ῳ, ἐπικαλεῖν μ|, ... , da die hervorgehobenen Worte unmöglich unsere Urkunde meinen können und was mit dieser unmittelbar zusammenhängt. Da nun zwischen der vorliegenden Übereinkunft und jenem politischen Parteikampfe ein ursächlicher Zusammenhang Statt findet, Lygdamis aber in der Urkunde als contrahirende Partei erscheint, so mufs angenommen werden, dafs er auch bei den Ereignissen, die dem Abschlusse der Übereinkunft vorausgingen, in entsprechender Weise, also aller Wahrscheinlichkeit nach nicht als Schiedsrichter, sondern als Partei betheiligt gewesen ist. Der Zusammenhang der Ereignisse scheint hiernach folgender gewesen zu sein: Eine Schaar von Verbannten, welche von dem Dynasten des Landes verwiesen worden

*) Vgl. Z. 22 ff.: [ἦν] δέ τις ὕστερον | ἐπικαλῇ τού[του] τοῦ χρόνου τῶν | ὀκτὼ καὶ δίκα [μη]νῶν, ὅςκον εἶναι u. s. w.

waren, hatte mit gewaffneter Hand den Versuch gemacht, seine
Herrschaft zu stürzen und die Erhebung in den Städten Halikarnassos und Salmakis hervorgerufen. Der Kampf war durch einen
von beiden Parteien beschworenen Vertrag in der Weise gütlich
beendigt worden, dafs die Autonomie der Städte, in denen die Ver-
bannten und ihre Partei sich behauptet hatten, vom Dynasten anerkannt, andrerseits aber den Anhängern seiner Partei, welche im
· Gebiete der Städte angesessen waren, Amnestie zugesichert worden
war. Die Unsicherheit des Besitzthums und die daraus entsprin-
genden Streitigkeiten, wie sie unter solchen Verhältnissen kaum
ausbleiben, machten sehr bald eine gesetzliche Regelung nothwendig, welche durch einen Vertrag zwischen den Parteien, an dem
der Dynast als Vertreter der Interessen seiner Anhänger betheiligt
war, herbeigeführt wurde, dessen Urkunde uns vorliegt. Auf ein
solches Verhältnifs der Parteien zur Zeit der Abfassung der Urkunde deutet auch der Umstand, dafs gerade unter den Magistraten
dieser Zeit, die bei der Regelung der streitigen Verhältnisse nothwendig eine besonders wichtige Rolle spielten, sich Angehörige beider Parteien finden. Denn der Mnemon von Halikarnassos, Apollonides, des Lygdamis Sohn, ist, wenn auch nicht, wie Hr. Newton
annimmt, ein Sohn des Dynasten, doch jedenfalls der Familie desselben angehörig. Unter den Mnemonen von Salmakis dagegen findet sich der Sohn eines Panyatis, welchen Hr. Newton vielleicht
nicht mit Unrecht für eins mit dem bekannten Dichter hält, welcher
der Überlieferung nach durch Lygdamis seinen Tod gefunden haben
soll und dessen Sohn daher ohne Zweifel zu den Gegnern des
Dynasten gezählt haben wird.

Vergleichen wir diesen Thatbestand mit dem Wenigen, was uns
von der Geschichte von Halikarnassos während der Zeit unmittelbar
vor und nach der Schlacht bei Mykale überliefert ist, so ergiebt
sich für unsere Urkunde eine Zeitbestimmung von hinreichender
Genauigkeit, der ein hoher Grad von Wahrscheinlichkeit nicht abgesprochen werden kann. Zur Zeit des Zuges des Xerxes gegen
Griechenland stand Halikarnassos nebst den benachbarten Inseln
Kos, Nisyros und Kalymna unter der Herrschaft der Artemisia,
einer Tochter des Lygdamis von Halikarnassos, welche nach dem
Tode ihres Mannes, dem eine freilich nicht ganz sicher verbürgte
Überlieferung den Namen Maussollos beilegt *) und der durch die

*) Suidas II, 2. S. 267. Πίγρης, Κὰρ ἀπὸ Ἁλικαρνασσοῦ, ἀδελφὸς Ἀρτε-
μισίας τῆς ἐν τοῖς πολίμοις διαφανοῦς, Μαυσώλου γυναικός.

Perser den Rang und die Stellung eines Dynasten oder Satrapen, nach griechischer Anschauung eines Tyrannen, erlangt zu haben scheint, die Vormundschaft über ihren damals noch jungen Sohn Pisindelis führte und mit fünf Galeeren den Feldzug gegen Griechenland persönlich mitmachte *). Nach der Schlacht bei Salamis, in der sie tapfer gefochten, geleitete sie die Söhne des Grofsherrn nach Ephesos **) und wir hören nichts weiter von ihr. Die Folgen der Schlacht bei Mykale scheinen die Stellung der Dynasten von Halikarnassos nicht unmittelbar berührt zu haben; wir hören, dafs der Artemisia in der Regierung ihr Sohn-Pisindelis (vermuthlich, nachdem er grofsjährig geworden) und diesem sein Sohn Lygdamis gefolgt sei ***). Unter der Regierung des letzteren scheint die Stadt Halikarnassos wiederholte Versuche gemacht zu haben ihre Unabhängigkeit wiederzugewinnen, die ersten aber unglücklich abgelaufen zu sein. Sie kosteten dem Dichter Panyasis das Leben und nöthigten seinen Verwandten Herodot, den Geschichtschreiber, vermuthlich in Begleitung anderer Theilnehmer des gescheiterten Unternehmens, nach Samos in die Verbannung zu gehen. Später hat sich Herodot, ungewifs, ob von Samos aus, an einem Versuche der Gebannten, die Rückkehr in die Vaterstadt zu erzwingen, betheiligt, welcher den gewünschten Erfolg hatte und mit der Vertreibung des Dynasten, wenigstens aus Halikarnassos, endigte. Nach diesem Ereignisse mufs sich die Stadt längere Zeit als Bundesgenossin von Athen unabhängig behauptet haben. Es scheint mir dies aus der Art und Weise deutlich, in der die Zahlungen der Halikarnassier in den Tributlisten verzeichnet sind. Denn während bei den karischen

---

*) Herodot VII, 99 ('Αρτεμισίη) ἥτις ἀποθανόντος τοῦ ἀνδρὸς αὐτή τε ἔχουσα τὴν τυραννίδα καὶ παιδὸς ὑπάρχοντος νεηνίω ὑπὸ λήματός τε καὶ ἀνδρηίης ἐστρατεύετο οὐδεμιῆς ἐούσης οἱ ἀναγκαίης. οὔνομα μὲν δὴ ἦν αὐτῆ 'Αρτεμισίη, θυγάτηρ δὲ ἦν Λυγδάμιος, γένος δὲ ἐξ 'Αλικαρνησσοῦ τὰ πρὸς πατρός, τὰ μητρόθεν δὲ Κρῆσσα. ἡγεμόνευε δὲ 'Αλικαρνησσέων τε καὶ Κώων καὶ Νισυρίων τε καὶ Καλυδνίων πέντε νέας παρεχομένη.

**) Herodot VIII, 103.

***) Suidas I, 2. S. 893. Ἡρόδοτος — μετέστη δ' ἐν Σάμῳ διὰ Λύγδαμιν τὸν ἀπὸ 'Αρτεμισίας τρίτον τύραννον γενόμενον 'Αλικαρνασσοῦ. Πισίνδηλις γὰρ ἦν υἱὸς 'Ατεμισίας, τοῦ δὲ Πισινδηλίδος Λύγδαμις. — ἐλθὼν δὲ εἰς 'Αλικαρνασσὸν καὶ τὸν τύραννον ἐξελάσας, ἐπειδὴ ὕστερον εἶδεν ἑαυτὸν φθονούμενον ὑπὸ τῶν πολιτῶν, εἰς τὸ Θούριον ἀποικιζόμενον ὑπὸ 'Αθηναίων ἐθελοντὴς ἦλθε. II, 2. S. 56. 57. Πανύασις Πολυάρχου 'Αλικαρνασσεύς — ἀνῃρέθη δὲ ὑπὸ Λυγδάμιδος τοῦ τρίτου τυραννήσαντος 'Αλικαρνασσοῦ.

Orten, welche unter der Herrschaft besonderer Dynasten stehen, Syangela *) und Idyma **), entweder die Dynasten selbst als Zahlung leistend, oder die Einwohner, aber mit dem ausdrücklichen Vermerk, dafs sie Unterthanen jener Dynasten seien, vermerkt werden, ist davon bei Halikarnassos und anderen karischen Städten nie die Rede, was, wenn man nicht absolute Willkür in der Hinzufügung solcher Vermerke, die gerade nur z. B. bei Syangela sich an ein bestimmtes Gesetz gebunden hätte, annehmen will, zu der Annahme berechtigt, ja nöthigt, dafs eben nur jene Städte damals Dynasten gehabt, Halikarnassos dagegen und die andern in den Listen erwähnten karischen Städte unabhängige Gemeinwesen gebildet haben. Es wird sich hierin auch schwerlich etwas geändert haben bis zur Katastrophe Athens und dem Rückfall der kleinasiatischen Küstenstädte an Persien, wo denn Nachkommen, wie es scheint, des verdrängten Dynastengeschlechtes unter persischer Hoheit ihre Herrschaft über ganz Karien ausdehnten und das ihnen wieder unterthänig gewordene Halikarnassos zu ihrem Fürstensitze erkoren. Wann die Stadt sich in jener früheren Zeit unabhängig gemacht und den Lygdamis vertrieben, ist zwar nicht mit Bestimmtheit überliefert, läfst sich aber mit annähernder Sicherheit feststellen. Schon in der ersten Jahresliste der Tributregister nämlich, also Ol. 83, 2, [vielmehr Ol. 81, 3, wie aus dem kürzlich durch Dr. Koehler bekannt gewordenen Bruchstück der Tributregister aus dem 34. Rechnungsjahr mit Sicherheit hervorgeht. Vgl. Monatsber. 1865. S. 209 ff.] wie später immer, erscheint Halikarnassos nach den eben hervorgehobenen Kennzeichen zu urtheilen, als unabhängig; die Vertreibung des Lygdamis mufs also spätestens Ol. 83, 1 [Ol. 81, 2] Statt gefunden haben. Sie kann aber auch nicht gar viel früher gesetzt werden. Denn wenn der Vater des Lygdamis im Jahr der Schlacht bei Salamis noch ein *νεανίας* war, so kann, wenn seine Regierung auch nur kurze Zeit gedauert hat und der Sohn ihm bald nach der Schlacht bei Salamis geboren worden ist, die selbständige Übernahme der Regierung durch den letzteren doch kaum vor Beginn der 80. Olympiade erfolgt sein. Selbst wenn wir also auch seiner Herrschaft eine ganz kurze Dauer zuschreiben woll-

---

*) Vgl. Boeckh Staatshaush. d. A. II, S. 734 f.

**) Denn ΓΑΚΤΥΕΣΙΔΥΜ.. in der Liste des zweiten Jahres (OL 83, 3. [Ol. 81, 4]) wird doch Πακτύης Ἰδυμ[εύς] zu lesen und zu ergänzen sein. Später erscheint Idyma unabhängig.

ten, würden wir doch genöthigt sein die Epoche seiner Vertreibung
dem Datum Ol. 83, 1 [Ol. 81, 2] ziemlich nahe zu rücken. Damit
stimmt auch ganz wohl die Überlieferung, welche den Herodot sich
einige Zeit nach der Vertreibung des Lygdamis nach Thurioi be-
geben läfst. Denn wenn er auch nicht, was die Überlieferung freilich wenn nicht anzudeuten, doch vorauszusetzen scheint, gleich mit
den ersten Colonisten, also Ol. 84, 1, dorthin übersiedelte, so ist
doch kein Grund vorhanden anzunehmen, dafs dies sehr viel später geschehen sei. Wir werden also schwerlich irren, wenn wir
die Vertreibung des Dynasten gegen Ende von Ol. 82 [Ol. 81]
ansetzen.

Niemand wird bezweifeln wollen, dafs der Lygdamis unserer
Urkunde eben der Lygdamis ist, von dessen Herrschaft nach dem
Obigen sich Halikarnassos gegen das Ende von Ol. 82 [Ol. 81]
losrifs. Ebenso mufs nach dem, was über den Inhalt der Urkunde
bemerkt worden ist, klar sein, dafs sie nicht während der Dauer
jener Herrschaft verfafst sein kann, sondern sich auf Verhältnisse
bezieht, die sich erst durch und unmittelbar nach der Katastrophe
derselben gestaltet haben können. Es scheint mir sonach ziemlich
gewifs, dafs sie in das Jahr dieser Katastrophe selbst gesetzt werden mufs, eben nicht allzu lange nach der Beendigung des Kampfes,
durch den diese herbeigeführt worden war. Freilich ist es dann
nicht mehr möglich mit Hrn. Newton den Mnemon Apollonides,
des Lygdamis Sohn, für einen Sohn des Dynasten zu nehmen; denn
dieser konnte Ende Ol. 82 [Ol. 81] noch keinen Sohn haben, der
alt genug gewesen wäre ein solches Amt zu bekleiden. Wir sind
aber zu einer solchen Annahme durch nichts genöthigt. Jener Apollonides mag immerhin ein Glied der Familie des Dynasten gewesen sein, dann haben wir ihn uns als den Grofsonkel desselben zu
denken und einen Sohn des älteren Lygdamis und Bruder der Artemisia in ihm zu suchen, eine Annahme, die mit den Zeitverhält-
nissen wenigstens im besten Einklang stehen würde.

Ich halte durch diese Erwägungen die Epoche der Urkunde
für hinreichend gesichert und wende mich nunmehr zur Betrachtung
ihres palaeographischen Charakters, auf den es uns hier allein ankommt und für den durch jene chronologische Untersuchung eben
nur ein historischer Hintergrund gewonnen werden sollte. Das
Alphabet, welches auf der beigegebenen Tafel in der I. Columne
dargestellt worden ist, erweist sich als das ionische im Zustande
seiner völligen Entfaltung, d. h. das Zeichen H bedeutet nicht den

rauhen Hauch, welcher vielmehr ohne Bezeichnung bleibt, sondern das lange *e*, Ξ wird zur Bezeichnung der Verbindungen der Gutturale mit dem Zischlaut verwendet und den ursprünglichen Zeichen des phoenikischen Mutteralphabets sind υ, φ, γ, ψ, ω hinzugefügt. Vom Gebrauche des Koppa finden sich keine Spuren, das Digamma findet sicher keine Verwendung mehr (vgl. das oft wiederkehrende οἰκία). Der Diphthong ου wird in den Endungen mit ausnahmsloser Regelmäfsigkeit durch einfaches ο gegeben, in den Formen des Pronomen οὗτος dagegen eben so regelmäfsig durch OY. ει wird in den Endungen durch einfaches E (φεύγειν, ἐπικαλεῖν) ausgedrückt, wechselt dagegen in εἶναι wiederholt mit EI, welches letztere in der Conjunction εἰ als fest zu betrachten ist. Der Zug der Charaktere ist fest und regelmäfsig, ohne die geringste Spur alterthümlicher Unbeholfenheit oder moderner Verschnörkelung. Dagegen zeigen die Buchstaben durchweg die jüngere und abgeschliffenere Gestalt, d. h. das Alpha hat einen horizontalen, nicht schrägen, Querstrich, das E steht senkrecht und hat horizontale Seitenstriche, das Eta ist oben und unten offen, das Theta zeigt im Kreise nicht mehr das schräge oder senkrechte Kreuz, sondern den Punkt, das Lambda ist regelmäfsig gleichschenklig, für den Zischlaut wird nicht mehr Ϻ oder gar Μ, sondern Σ verwendet. Auch das My und das Ny zeigen verhältnifsmäfsig junge Formen, doch stehen die Schenkel des ersteren durchweg schräg gegen einander, und das letztere ist regelmäfsig ein Wenig nach rechts geneigt. Mit einem Worte: das ionische Alphabet zeigt sich hier genau in der Verfassung, in der es Ol. 94, 2 in Athen und etwa gleichzeitig von dem übrigen Hellas recipirt wurde. Was wir aus unserem Denkmal lernen ist daher nur die freilich immerhin wichtige Thatsache, dafs das ionische Alphabet sich bereits gegen Ende von Ol. 82 [Ol. 81] in diesem Stadium befand und bis zur Zeit seiner allgemeinen Reception auch nicht die geringste Modification selbst in den unbedeutendsten Einzelheiten mehr erfahren hat.

2. Es ist aus diesem Grunde schwer, oder vielmehr unmöglich, Urkunden aus Gegenden, in denen dieses Alphabet entweder einheimisch oder sehr frühzeitig recipirt war, wenn sich ihre Zeit nicht aus dem Inhalt bestimmt, vom rein palaeographischen Standpunkte aus in dem Zeitraume von Ol. 83 [Ol. 82] bis etwa 104, von welchem letzteren Zeitpunkte ungefähr an sich das Alphabet in einigen Punkten weiter modificirte, mit Sicherheit einen bestimmten Platz anzuweisen. Nichts destoweniger wage ich es, das Frag-

ment einer alten Auguralordnung von E p h e s o s, welches C. I. G.
2953 herausgegeben ist, den früheren Zeiten dieser Periode zuzuweisen, ja für vielleicht noch etwas älter, als die vorhergehende
Urkunde zu erklären. Das Alphabet, welches in´ der II.
Columne zusammengestellt ist, steht, soweit sich übersehen läfst (denn Ausdrücke für ου und ιι kommen zufällig nicht vor), auf dem Standpunkt
der dargestellten Entwickelung; dafs die Buchstaben genau στοιχη-
δὸν geordnet erscheinen, kann als ein irgendwie entscheidendes Mo-
ment nicht betrachtet werden. Die Durchführung aber einer ziemlich regelmäfsigen Interpunktion vermittelst eines dreifachen Punktes
(⋮), welche für blofse Affectation zu halten gar keine Veranlassung
ist, berechtigt der Inschrift ein ziemlich hohes Alter zuzuschreiben
und sie vielleicht, wie gesagt, etwas früher als die halikarnassische
anzusetzen, welche eine solche Interpunktion nicht mehr kennt.

3. Mit viel gröfserer Bestimmtheit, ja mit Gewifsheit, läfst
sich das Gleiche von der bekannten Inschrift von T e o s sagen,
welche von Chishull (*Antiquitates Asiaticae* p. 96 sqq.) nach Abschriften von Sherard und Lisle, leider nur in gewöhnlichem Let-
terdruck, herausgegeben worden ist. Zum Glück konnten für den
Abdruck im C. I. G. 3044 die Originalabschriften Sherard's benutzt und die Form der Buchstaben genauer wiedergegeben werden.
Für ganz zuverlässig im Einzelnen können freilich diese Abschriften nicht gelten; wenigstens ist nicht zu bezweifeln, dafs Ξ für Ɛ
lediglich der Ungenauigkeit der Abschreiber zur Last zu legen ist;
in der That ist der Fehler in der Abschrift der ZZ. 42-53, welche
Lebas *Voy. arch. Inscr.* III n. 59 p. 10 hat drucken lassen, vermieden. Boeckh ist geneigt die Erwähnung einer Seuche in Z. 18
der Inschrift auf die Pest im Anfange des peloponnesischen Krie
ges oder auf die etwas frühere, welche Thukydides II, 47 erwähnt,
zu beziehen und danach das Alter des Denkmals zu bestimmen.
Indessen ist dies eine sehr trügerische Möglichkeit und darauf um
so weniger etwas zu geben, als die Urkunde ihrem palaeographischen Charakter nach unzweifelhaft älter ist als die Inschrift von
Halikarnassos, also nothwendig einige Zeit vor dem Ende von
Ol. 82 [Ol. 81] angesetzt werden mufs. Denn nicht nur hat sie
die alterthümliche Interpunktion vermittelst eines Doppelpunktes
(:) mit grofser Regelmäfsigkeit durchgeführt, sondern es zeigen
auch wenigstens zwei Buchstaben, Theta und My, entschieden ältere
Formen; ersteres hat das schräge Kreuz im Kreise statt des Punktes,
letzteres den rechten Schenkel noch nicht bis zur Basis herabgezo-

gen. Dagegen kann ihr Datum auch nicht gut über die Epoche der Schlacht bei Mykale hinaufgerückt werden. Denn wenn Z. 23 ff. Jedermann mit einem Fluche belegt wird, (ὅστις) τι κακὸν βουλεύοι περὶ Τηίων τοῦ ξυνοῦ εἰδὼς ἢ πρὸς Ἕλληνας ἢ πρὸς βαρβάρους, so wird damit offenbar auf landesverrätherische Einverständnisse mit auswärtigen Feinden der Stadt gezielt, seien es nun Hellenen oder Barbaren. Unter letzteren können meiner Überzeugung nach nur die Perser verstanden werden, von deren Joche erst der Sieg bei Mykale die kleinasiatischen Griechen befreite. Auch war nach der Niederwerfung des Aufstandes der ionischen Städte diesen von den Persern das Fehderecht genommen worden *), so dafs, auch wenn man bei den 'Barbaren' nicht nothwendig an die Perser zu denken hätte, der Passus doch nur einen Sinn für die Zeiten während oder vor dem Aufstande haben könnte. Bis so weit hinaufzugehen verstattet aber der palaeographische Charakter der Urkunde auf keinen Fall. Somit fällt ihre Epoche in die Zeit zwischen Ol. 75 und 82 [Ol. 81]. Der Nachdruck, mit dem die Begünstigung der Piraten oder gar die Betreibung des Piratenhandwerkes verpönt und verflucht wird, deutet auf Zustände des Verkehrs in den Gewässern des aegaeischen Meeres, wie sie nach Stiftung des Delischen Seebundes unter der Herrschaft Athens sich sehr bald anders gestalten mufsten. Ich halte es aus diesem Grunde für sehr wahrscheinlich, dafs die Urkunde in die Zeit von Ol. 76-77 zu setzen ist, kurz vor und nicht zu lange nach jenem Ereignisse, welches auch für die Gestaltung der Verkehrsverhältnisse und die Entwickelung des Handels in diesen schwer heimgesuchten Gegenden von hervorragender Bedeutung gewesen sein mufs. Hiernach ist auf der Tafel in Columne III dem Alphabete der Inschrift sein Platz angewiesen worden.

4. Die bisher betrachteten Denkmäler zeigten sämmtlich rechtsläufige Schrift; indem wir weiter zurückgehen, gelangen wir in die Zeit, in der diese jüngere Schreibweise mit der älteren und ursprünglichen linksläufigen im Kampfe liegt und aus der Vermischung beider die furchenförmige Anordnung der Zeilen sich entwickelt hat, von der wir wissen, dafs sie zu Solons Zeiten wenigstens in Athen auf öffentlichen Urkunden zur Anwendung kam und von der nicht zu bezweifeln ist, dafs sie noch während des ganzen sechsten Jahr-

---

*) Herodot VI, 42.

hunderts v. Chr. die eigentlich herrschende und gemeinübliche, wenn auch nicht ausschliefslich gebräuchliche gewesen ist. Nur der Mangel an Denkmälern aus dieser Zeit macht es erklärlich, dafs früher die furchenförmige Anordnung der Zeilen in Inschriften, die das vollständig entwickelte ionische Alphabet zeigten, für auffällig galt, und hat diese Anschauung nicht wenig dazu beigetragen die Neigung zu befördern, Inschriften höchst alterthümlichen Gepräges für Produkte archaisirender Gelehrsamkeit viel späterer Zeiten zu erklären, obwohl natürlich auch andere Beweggründe mit eingewirkt haben. Heutzutage, wo eine gröfsere Reihe von Denkmälern dieser Epoche vorliegt, darf man diese Anschauung als ein Vorurtheil bezeichnen, welches sich nicht bestätigt hat, und ist es an der Zeit gewisse Schriftdenkmäler in ihr gutes, nur verkümmertes Recht wieder einzusetzen, das ihnen ferner vorzuenthalten keine Veranlassung mehr vorliegt, seit sie durch andere, später entdeckte, auf das vollständigste legitimirt worden sind. Die Inschriften dieser Periode zerfallen in zwei deutlich gesonderte Gruppen, von denen sich die ältere durch gröfsere Alterthümlichkeit einzelner Zeichen, besonders durch das geschlossene Eta (⊟) von der jüngeren, die die offene Gestalt dieses Zeichens (H) verwendet, auszeichnet. Gemeinschaftlich ist beiden der Charakter des Alphabetes im Allgemeinen, als des vollständig entwickelten ionischen, und die furchenförmige Anordnung der Zeilen, sofern die Inschriften deren mehr als eine zählen. Ich betrachte zunächst die Denkmäler der jüngeren Gruppe.

In den Trümmern des Apollotempels zu Didyma bei Miletos fand Listow im Jahre 1850 folgendes Bruchstück, welches von Ussing (*Graeske og Latinske Indskrifter* 1854. p. 36 n. 4), leider nur im Typendruck, herausgegeben worden ist:

ΙϹΤΙΑ
ΩΤƎꟼΗ
ΠΟΛΛΩ

Vollkommen richtig ergänzt dies der Herausgeber in Ἰστιη[ῖος ἀνέϑ]ηκε τὠπόλλω[νι]. Fraglich kann nur sein, ob nicht hinter Ἰστιηῖος noch der Name des Vaters stand, worüber zu entscheiden natürlich nicht möglich ist. Es ist kein Grund vorhanden zu bezweifeln, dafs wir es mit der Basis eines Weihgeschenkes zu thun haben, welches von dem bekannten Tyrannen von Milet nach Didyma gestiftet worden war. Dafs Listow in der dritten Zeile die ganz junge Form Π zu lesen glaubte, erklärt sich aus dem noch unentwickelten Charakter der Schrift, vermöge dessen der rechte kürzere Schenkel des Γ in einer Weise gezogen wurde, die es dem Besichtiger zweifelhaft läfst, ob Γ oder ٦ oder П gemeint sei. Belehrend ist in dieser Beziehung, anderer entfernter liegender Beispiele nicht zu gedenken, die Vergleichung der verschiedenen Abschriften eines unserem Denkmale offenbar gleichzeitigen Bruchstückes mit Bustrophedonschrift, welches in einer Ecke eines Hauses in der Nähe des Tempels zu Didyma eingemauert ist, und das zuerst Rofs (Vgl. Archaeol. Aufs. II. S. 660), dann Lebas (III. n. 221 p. 65 im Druck und auf Taf. V. n. 4 im Stich), zuletzt Newton (*Discoveries in Cnidus and Halicarnassus*) auf Taf. XCVII unter n. 70 herausgegeben haben.

Rofs:	Lebas (Druck):	Lebas (Stich):
COI		
⊙IOT3IH	⊕VOT3IП/	⊕VOT3IП/
ΔEEΓEΛIΔII	ΔEEПENΔI	ΔEEПENΔI
٦ƎIO٦ ٦OIA	ƎIOП ٦OI	Ǝ IO٦٦OI
ΩƐΓΑΤΕ▷EƐ	OIПΑΤΕRΕƐ	OI٦Α ΤΕ▷EƐ

Newton:

Auch hier erscheint das Eta oben und unten geöffnet; Ƹ für Ƨ ist eine Form, die noch öfter begegnen wird, aber kein Kriterium des Alters abgiebt, da sie offenbar nichts weiter ist, als eine Abschleifung des charakteristischeren Ƨ, deren Anwendung von der individuellen Gewöhnung oder dem Belieben des Schreibers abhing und die darum weder besonders alt, noch besonders jung genannt werden kann. Die Denkmäler zeigen deutlich, dafs zu einer gewissen Zeit Ƹ neben Ƨ im Gebrauche einherlief.

Die Widmung des Weihgeschenkes ist am wahrscheinlichsten in die Zeit der Tyrannis des Histiaeos, jedenfalls vor seine Abberufung an den persischen Hof zu setzen, welche einige Zeit vor dem Ausbruche des Aufstandes der kleinasiatischen Griechen, also vor Ol. 70, 1, erfolgt ist. Zur Zeit, als Dareios gegen die Skythen zog, im Anfange von Ol. 66, war Histiaeos bereits Tyrann und begleitete als solcher seinen Lehnsherrn auf diesem Zuge bis an die Donau; wann er aber zum Regiment gekommen, läfst sich weiter nicht bestimmen. Wir werden indessen kaum fehlgreifen, wenn wir die Zeit unseres Denkmals zwischen die 65. und 69. Olympiade setzen, was für den vorliegenden Zweck eine Bestimmung von völlig ausreichender Genauigkeit ergiebt.

In dieselbe Zeit führt uns, nach dem Charakter der Schrift (offenes H) und sonstigen Merkmalen zu urtheilen, die Aufschrift eines der alterthümlichen Sitzbilder, welche die heilige Strafse zwischen Milet und dem Apollotempel zu Didyma einhegten *). Diese Statue ist von Hrn. Newton aufgedeckt und auf Taf. LXXIV seines Werkes abgebildet worden, aus welcher Abbildung zugleich Art und Anordnung der Inschrift erhellen, welche auf Taf. XCVII n. 72 wiederholt ist, und nach dem von Hrn. Newton genommenen Abklatsche bereits in den Monatsberichten dieser Akademie 1859 S. 661. n. 3 publicirt worden war. Die Inschrift ist zu beiden Seiten der rechten Vorderkante des Sitzes in der Weise angebracht, dafs die erste Zeile rechts von unten nach oben verläuft, die zweite auf der linken Seitenfläche daneben von oben nach unten zurückgeht.

Da der Abdruck in den Monatsberichten hiervon in Kleinigkeiten etwas abweicht, so füge ich ihn zur Vergleichung bei **):

ΣΟΧϞΑΣ ΗΣ ΟΙΧΙΗΤΣ ΟΙΣ ΗꟼΗΟΙΜΙΗΣ ΗꟼΑΧ
ΑΓΑΛΜΑΤΟΑΠΟΛΛΩΝΟΣ

Diese Statue, wie alle andern an der heiligen Strafse gefundenen Bildwerke, tragen, wie auch die auf ihnen befindlichen Inschrif-

---

*) Vgl. über diese Strafse die Abhandlung von Rofs in seinen Arch. Aufs. II. S. 378 ff.

**) Ich mufs bemerken, dafs die Abklatsche, welche Hr. Newton der Akademie zuzustellen die Gefälligkeit gehabt hatte, ihm auf Verlangen behufs Herausgabe in seinem Werke zurückgeschickt worden sind, und dafs ich selbst sie nie gesehen habe.

ten *), ein höchst alterthümliches und dabei so entschieden originales und eigenartiges Gepräge, daß es völlig unmöglich ist, sie für
archaisirende Nachahmungen einer späteren Zeit zu halten, zu welcher Annahme überdem kein ersinplicher Grund vorhanden ist.
Ist aber ihr Stil ein originaler, so müssen sie durchaus älter sein, als
die Zerstörung Milets zu Ende des unglücklichen Aufstandes und
die gleichzeitige Einäscherung des alten Tempels der Branchiden
durch die Perser **), ja älter als der Ausbruch des Aufstandes selbst
(Ol. 70), da Milet während der Perserkriege gänzlich darniederlag
und erst nach der Schlacht bei Mykale sich wieder, wenn auch
rasch, zu heben begann. Während dieser ganzen Zeit, vom Beginn
des Aufstandes an, war an die Errichtung solcher Denkmäler gar
nicht zu denken, für eine spätere Zeit paßt aber weder der Stil
der Bildwerke, noch der Charakter der Inschriften. Der Chares
ferner unserer Inschrift, der sich selbst 'Herr' von Teichiussa, einem
Orte in der Nähe von Milet, nennt, ist aller Wahrscheinlichkeit
nach, wie auch Hr. Newton bemerkt, einer der kleinen Dynasten
oder Tyrannen, die seit der Unterwerfung der kleinasiatischen Griechen durch die Perser aller Orten auftauchten und unter der Aegide
der Fremdherrschaft ihr Wesen trieben. Wie Histiaeos, hat auch
dieser sonst nicht bekannte Dynast dem Apollo von Didyma seine
Huldigung dargebracht, und zwar indem er nach Weise orienta-
lischer Herrscher sein eigenes Standbild in das Temenos des Gottes
stiftete. Hiernach gehört das Denkmal der Zeit von Ol. 58-69 an
und kann auch von dieser Seite unbedenklich als den beiden vorhergehenden gleichaltrig betrachtet werden.

Ob dagegen die Aufschrift auf dem Schenkel einer anderen
dieser Statuen, von der nichts weiter als die linksläufig geschriebenen Worte ƷΑΤИΑΙ𐤄ΔИΑƷΟΤ gelesen werden konnten (C. I. G.
2861), in diese oder eine etwas ältere Zeit gehört, läßt sich bei
dem Mangel jedes entscheidenden charakteristischen Kennzeichens
nicht mehr bestimmen.

---

*) Ich nehme natürlich jenes ΝΙΚΗ|ΓΛΑΥΚΟΥ νίκη Γλαύκου auf dem
Rücken des Sitzes eines dieser Bilder (bei Newton Taf. xcvii. 73) und ähnliches später eingetragenes Gekritzel auf einem anderen aus, dessen Hr. Newton in den Monatsberichten a. a. O. S. 662 Erwähnung thut und das für die
Frage nach dem Alter der Denkmäler von gar keiner Bedeutung ist.
**) Herodot vi, 19. Wenn Strabon xiv. p. 634 [vgl. xi. p. 518] diese Ein-
äscherung dem Xerxes zuschreibt, so muß dies auf einem Irrthum beruhen.

Wohl aber ist hierher zu ziehen der ionische Theil der Aufschrift eines ehemals berühmten und viel besprochenen, in unserer Zeit aber fast vergessenen Denkmals, nämlich des Hermenpfeilers von Sigeion (C. I. G. 8) *). Denn seit Boeckh ihm das Urtheil gesprochen, gelten trotz G. Hermanns Einspruch seine beiden Aufschriften, die ionische wie die attische, wohl allgemein als müfsige Spielereien einer mit Bewufstsein archaisirenden Gelehrsamkeit und nicht mehr, wie früher, als authentische Denkmäler der solonischen Zeit und ihrer Schreibweise. Wenn nun auch zugegeben werden mufs, dafs zu der Zeit, als das Alter des Denkmals beanstandet wurde, für mehrere Punkte, welche auffallend und befremdlich erscheinen konnten, es an hinreichender Analogie fehlte und dem daraus abgeleiteten Urtheile für jene Zeit eine gewisse Berechtigung nicht abgesprochen werden kann, so mufs doch nach der andern Seite behauptet werden, dafs nunmehr, nachdem die damals vermifsten Analogien in hinreichender Anzahl vorliegen, ein Grund nicht weiter vorhanden ist, an seinem höheren Alter zu zweifeln und dafs die Gerechtigkeit verlangt, dafs es in sein unbestreitbares Recht wieder eingesetzt werde. Es darf heutzutage wohl als ausgemacht gelten, dafs die Kunst den Marmor zu bearbeiten im sechsten Jahrhundert vor unserer Zeitrechnung so weit vorgeschritten und verbreitet war, dafs die Herstellung eines einfachen vierseitigen Pfeilers mit einer darauf ruhenden Protome nicht mehr als etwas Besonderes und Aufsergewöhnliches gelten konnte, und dafs die Zahl derer, die diese Kunst verstanden und übten, nicht so gering und ihr Ruf nicht nothwendig ein so verbreiteter war, dafs ihre Namen alle hätten überliefert werden müssen und nicht mancher, wie Aesopos, der Verfertiger unseres Denkmals, und gar viele Andere nur aus den Aufschriften ihrer zufällig erhaltenen Arbeiten uns hätten

---

*) Es wäre wohl an der Zeit, von dem Denkmale, das sich jetzt im britischen Museum befindet und schon sehr abgerieben sein soll, einen Abklatsch zu nehmen. Denn obwohl von den beiden vorliegenden Abbildungen, der, welche Chisbull giebt, und der Revettschen bei Chandler, die letztere offenbar ein ziemlich treues Bild des Denkmals im Ganzen und Einzelnen giebt und defshalb mit vollem Recht der Ausgabe und Besprechung im C. I. G. zu Grunde gelegt worden ist, so bleibt doch im Einzelnen noch hin und wieder Einiges zweifelhaft, worüber nur Autopsie des Denkmales oder Einsicht eines Abklatsches den wünschenswerthen Aufschlufs geben könnte, wenn er überhaupt jetzt noch zu erlangen ist.

bekannt werden können. Es ist ferner durch zahlreiche Beispiele,
welche zum Theil schon vorgeführt worden sind, zum Theil noch
vorgeführt werden sollen, aufser Zweifel gestellt, dafs in der zwei
ten Hälfte desselben Jahrhunderts, also zu einer Zeit, in der das
ionische Alphabet seine völlige Ausbildung erlangt hatte, die Anwendung der furchenförmigen Schrift in mehr als einzeiligen Texten
bei den Ionern etwas sehr gewöhnliches war, so dafs sich aus dem
Vorkommen des Ω in Bustrophedoninschriften durchaus keine Instanz
mehr gegen das höhere Alter derselben herleiten läfst. Wenn es
ferner auch, wie ich nicht bezweifele, richtig ist, dafs die Herme,
deren Torso uns erhalten ist, nicht von den Bewohnern von Sigeion,
sondern von der Person selbst, welche sie darstellte, nämlich Phanodikos, des Hermokrates Sohn von Prokonnesos, sei es nun in
das Prytaneion der Stadt oder, was ich für wahrscheinlicher halte,
in irgend ein Heiligthum als ἄγαλμα gestiftet worden ist, so kann
doch darin nicht mehr ein Vorgehen gefunden werden, welches
wider die Sitte einer so alten Zeit verstiefse. Es genügt in dieser
Beziehung auf das Sitzbild des Chares von Teichiussa zu verweisen, von dem so eben die Rede war und das auch schwerlich von
den Bewohnern von Milet oder Teichiussa, sondern vielmehr von
dem Dynasten selbst errichtet worden war. Wollte man einwenden,
dieser Chares sei eben ein Mann von fürstlichem Stande, Phanodikos aber ein blofser Privatmann gewesen, so ist zu erwidern, dafs
letzteres keinesweges ausgemacht ist und dafs nichts hindert den
Phanodikos als Tyrannen von Prokonnesos unter persischer Hoheit
zu denken, wenn eine solche Annahme sonst nothwendig sein sollte.
Dafs zur Zeit des Zuges des Dareios gegen die Skythen ein Metro-
doros als solcher genannt wird *), soll zwar nicht als Stütze für
eine solche Annahme geltend gemacht werden, ist aber auch nicht
dazu angethan, sie unstatthaft erscheinen zu lassen. Die Ausdrucks-
weise der Inschriften endlich ist zwar alterthümlich-steif, aber meinem Gefühle nach frei von Allem, was mit Fug als Affectation oder
nachahmende Ziererei ausgelegt werden könnte. Geht man aber
ohne vorgefafste Meinung an die Betrachtung des Denkmals, so hält
es auch nicht schwer eine wahrscheinliche Erklärung für das zu
finden, was an ihm wirklich auffällig ist und einer Erklärung bedarf. Auf der etwas mehr als $1\frac{1}{2}$ Fufs breiten Vorderseite näm-

---

*) Herodot ıv, 138.

lich des etwas über 8¹|, Fuſs hohen Steinpfeilers finden sich zwei
Inschriften in folgenden Verhältnissen vertheilt, die ich nach Maaſs-
gabe der zuverlässigsten der beiden vorliegenden Abbildungen, der
von Chandler gegebenen, veranschlage: die obere von ihnen beginnt
in einem Abstande von mehr als 2 Fuſs von oben, also etwa in der
Höhe von 6 Fuſs, und bedeckt mit ihren elf furchenförmig geord-
neten Zeilen einen Raum von 2 Fuſs und einigen Zollen, endet also
ein Geringes unterhalb der Mitte der ganzen Fläche in einer Höhe
von etwa 4 Fuſs über dem Erdboden; Dialekt wie Alphabet sind
ionisch. Nach einem Zwischenraum von nicht ganz einem Fuſse,
welcher leer gelassen ist, etwas mehr als 3 Fuſs über dem Erdboden, folgt eine zweite, ebenfalls elfzeilige und furchenförmig ge-
ordnete Inschrift, welche einen Raum von ungefähr 2 Fuſsen einnimmt; Dialekt und Alphabet sind attisch. Unterhalb derselben
bleibt ein Raum von einem Fuſs und einigen Zollen leer. Diese
zweite Inschrift giebt eine ziemlich treue Wiederholung des Wort-
lautes der ersten, fügt aber am Schlusse zwei Zusätze von nicht
unbedeutendem Umfange hinzu. Da nun das Ganze trotz des so
erweiterten Umfanges dennoch auf gleichfalls nur elf Zeilen untergebracht worden ist, so sind die Buchstaben enger zusammenge-
drängt worden, als auf der oberen, welche demzufolge im Vergleich
zu der unteren weitläufig geschrieben erscheint. Überdem hat es
den Anschein, als ob beide nicht von derselben Hand geschrieben
worden seien, obwohl die Schrift in beiden denselben alterthümlichen Charakter trägt; die Züge der unteren erscheinen breiter und
tiefer gehauen trotz ihrer geringeren Höhe und gröſseren Gedrängt-
heit. Gleichwohl können sie in der Zeit nicht allzuweit von einander abliegen, schon des ziemlich gleichartigen Charakters der
Schriftzüge wegen, der auf dieselbe Epoche hindeutet. Hierzu
kommt, daſs die untere Inschrift in ihren Zusätzen eine Notiz über
den Verfertiger des Denkmales enthält, also über eine Thatsache,
welche nach längerer Zeit in Vergessenheit gerathen muſste, wenn
sie nicht, wie dies nicht der Fall ist, nicht schon in der ersten
vermerkt war, von der es mehr als wahrscheinlich ist, daſs sie
zuerst und vor der unteren eingehauen worden ist. Schon die Ge-
drängtheit der Schrift in den unteren Zeilen deutet hierauf hin, insofern sie beweist, daſs der Schreiber derselben einen äuſserlich auch
nach oben beschränkten Raum vorfand, auf den er seine Maſse zu
berechnen hatte. Stellen wir uns nun vor, daſs der Pfeiler bestimmt
war, ohne Postament unmittelbar auf dem Erdboden zu stehen zu

kommen, so nahm die obere ionische Inschrift etwa die Mitte der
Höhe des ganzen Denkmals ein, wenn wir die Höhe der Protome
hinzurechnen (das für die Einfügung derselben bestimmte runde Zap-
fenloch ist noch jetzt auf der Oberseite sichtbar), und zwar in
einem Abstande vom Erdboden, welcher sie bei der Gröfse der
Buchstaben (etwa 2 Zoll) mit völliger Bequemlichkeit zu lesen verstattete, während die untere attische an die unbequemste Stelle ge-
riethe, von der nicht anzunehmen ist, dafs der Steinhauer sie ohne
die dringendste Nöthigung, weil es nämlich an Platz fehlte, würde
gewählt haben. Unter Voraussetzung der Richtigkeit dieser Annahme würden wir also genöthigt sein, die untere Inschrift als die
später angebrachte zu betrachten. Man kann sich indessen auch
denken, dafs der Pfeiler auf einem Untersatze von entsprechender
Höhe aufgestellt war und dafs in Folge dieser Anordnung die untere Inschrift in einem solchen Abstande vom Erdboden zu stehen
kam, dafs sie ohne Unbequemlichkeit gelesen werden konnte. War
die Höhe des Postamentes eine beträchtliche, was trotz der ganz
anständigen Höhe des Pfeilers keinesweges unmöglich ist, so wurde
dadurch die Lesung der obern Inschrift sehr erschwert; um so
weniger ist es aber glaublich, dafs sie in diesem Falle nach der
untern angebracht worden wäre, die dann ihren Zweck vollkommen
erfüllte und durch die obere gar nicht ergänzt werden konnte, da
diese, wie bemerkt, grade die unvollständigere ist. Ein anderer
Grund einen Theil der ursprünglichen Aufschrift über ihr, obenein
in anderem Dialekte und anderem Alphabete, zu wiederholen, lag
aber nicht vor. Es war also überhaupt gar keine Veranlassung
gegeben, eine zweite Aufschrift anzubringen. Ist aber die mit ge-
ringerer Raumersparnifs eingehauene obere Inschrift die ältere, so
fragt sich doch immer, wie man nach gar nicht langer Zeit auf den
Einfall kommen konnte, die ältere, ionische Aufschrift in attischem
Dialekte zu wiederholen; denn es hält schwer zu glauben, dafs die
bei dieser Gelegenheit angebrachten Erweiterungen die eigentliche
und einzige Veranlassung zu einem solchen Verfahren sollten abgegeben haben. Gesetzt nun auch, es wäre nicht möglich eine be-
friedigende Antwort auf diese Frage zu finden, so würde dieses
unser Unvermögen uns noch durchaus nicht berechtigen das Alter
der Inschriften in Frage zu stellen, da die zu erklärenden Schwierigkeiten in ganz derselben Stärke bestehen, man mag die Inschriften
in eine Zeit setzen, in welche man wolle. Unerklärlich scheinen
sie mir indessen, das verhältnifsmäfsig hohe Alter der Aufschriften

vorausgesetzt, indem man sie nimmt, wofür sie sich geben und was
für erkünstelten Schein zu halten gar keine Veranlassung vorliegt,
durchaus nicht zu sein. Man denke sich nur den Hergang bei An-
fertigung und Aufrichtung des Denkmals folgendermaßen beschaffen:
das Denkmal wurde in dem Vaterlande des Phanodikos, dem ionischen Prokonnesos, angefertigt und gleich hier mit einer Aufschrift
versehen, deren Platz darauf berechnet war, daß die Herme ohne
Postament aufgestellt werde, und die natürlich auf einer ionischen
Insel in ionischem Dialekte und ionischem Alphabete abgefaßt wurde.
In diesem Zustande wurde es nach Sigeion geschafft, hier aber aus
irgend welchem Grunde auf einer Unterlage oder sonst in solcher
Höhe aufgestellt, daß die ursprüngliche Inschrift schwer zu lesen
war. Dies gab gleich damals Veranlassung die Inschrift an einer
etwas niedrigeren und darum zugänglicheren Stelle zu wiederholen
und bei dieser Gelegenheit mit einigen Zusätzen, unter anderen mit
der Angabe des Namens des Verfertigers Aesopos, zu vermehren.
Diese zweite, nicht viel spätere Recension des Textes wurde in
attischem Dialekte und attischem Alphabete ausgeführt, weil Sigeion
damals sich in den Händen attischer Kleruchen befand und von
diesen aller Wahrscheinlichkeit nach die Versetzung und Erneue-
rung der Inschrift besorgt wurde. Denn es ist bekannt, daß Sigeion
wahrscheinlich schon früher, wenn auch mit Unterbrechungen,
dauernd aber sicher während der Herrschaft des Peisistratos und
seiner Söhne sich im Besitze der Athener befand und selbst nach
der Vertreibung des Hippias wenigstens bis zum Jahre der Schlacht
bei Salamis Eigenthum des vertriebenen Tyrannen und seiner Nachkommen blieb.

Ich glaube aber nicht nur, daß hiermit die geltend gemachten
Bedenken endgültig erledigt sind, sondern halte überdem dafür, daß
der ganze Charakter der Schriftzüge in beiden Inschriften in positiver Weise ihr hohes Alter verbürgt und erhärtet. Sie tragen ein
durchaus eigenartiges, rein originales Gepräge, das frei ist von
jeder Spur mühseliger oder gekünstelter Affectation; ich muß behaupten, daß wenn sie von einem archaisirenden Nachahmer her-
rührten, dieser sich selbst übertroffen haben müßte und eine Nachahmung geliefert hätte, die einem Originale wie ein Ei dem andern
ähnlich sähe und als das, was sie wirklich ist, gar nicht mehr erkannt werden könnte. Die Beschaffenheit der attischen Schrift in
der zweiten Inschrift entspricht genau bis in alle Einzelheiten der
Vorstellung, welche wir uns von dem Zustande derselben in dieser

Zeit zu machen haben, die ionische der ersten stimmt in gleicher Weise zu dem Charakter der Schrift auf den vorgeführten gleichzeitigen Denkmälern. Die Zeilen sind furchenförmig geordnet, für ⊂ erscheint die schon bemerkte abgerundete Form ℰ, das H ist bereits geöffnet u. s. w. Von dem Theta, welches einmal Z. 8 erscheint, ist freilich, nach dem übereinstimmenden Zeugnifs beider Darstellungen, nur der Kreis erhalten und es erscheint leichter in ihm den Punkt, als das ältere Kreuz zu ergänzen. Dies kann indessen nicht entscheiden; wir müssen vielmehr auf einer Inschrift dieses Alters ⊗ oder ⊕ voraussetzen, welche letztere Form überdem auf Z. 4 der attischen Inschrift begegnet; vielleicht ist es noch möglich, dafs ein Abklatsch die Sache auch für diejenigen auf das Reine bringt, welche geringeres Zutrauen zu der Authenticität der Inschrift hegen, als ich besitze. Ich sehe, wie gesagt, keinen Grund sie nicht für g'eichzeitig mit den vorher behandelten milesischen Inschriften, mit denen sie dem palaeographischen Charakter nach genau übereinstimmt, zu halten und setze sie unbedenklich in die Zeit der Peisistratidenherrschaft oder kurz nachher, in welcher anzunehmen ist, dafs das attische Element in Sigeion vorherrschte, während es später rasch geschwunden sein dürfte, jedenfalls also vor Ol. 70. Um indessen nicht vorzugreifen, habe ich auf der Tafel in Columne IV ihr Alphabet zwar mit dem der meiner Ansicht nach ziemlich gleichzeitigen milesischen Inschriften vereinigt, aber zugleich Sorge dafür getragen, dafs die auf ihr vorkommenden Buchstabenformen getrennt von denen der anderen verzeichnet wurden. Zu bemerken ist noch, dafs die Inschrift in ihrer letzten Hälfte ziemlich regelmäfsig mit einem Doppelpunkte (:) interpungirt und dafs, wenn diese Interpunktion in der ersten Hälfte vermifst wird, anzunehmen ist, dafs hier die ehemals vorhandenen Doppelpunkte in Folge der Corrosion der Oberfläche des Steines verschwunden sind; so ha Chishull Z. 6 hinter dem δί noch einen Doppelpunkt, welcher bei Chandler schon nicht mehr zu finden ist.

5. Ich gehe zu der Gruppe der etwas älteren Inchriften aus demselben Jahrhundert über, welche dem allgemeinen Charakter der Schrift nach zwar mit der vorhergehenden stimmen, auch, mit Ausnahme einer, aber einzeiligen, wie jene βουττροφηδόν geschrieben sind, aber sich von ihnen dadurch unterscheiden, dafs sie die ältere, geschlossene Form des Eta, 目, verwenden. Ich zähle ihrer vier, sämmtlich von Milet.

a. Auf der rechten Seitenfläche des Sitzes eines der Standbilder am heiligen Wege: C. I. G. 39 (vgl. Praef. p. **xxvi. xxvii**).

ΜΒΣΙΑΝΛ‡ΒΜ
ΥƎΚΒ⊗ƎΜΑϟΑƎ
ΛΜΔϞΩΩΓΩΓ
ΙΥΩϞϞΟ

In der dritten Zeile bietet die augenscheinlich bessere Gellsche Abschrift bei Leake *Journal of a tour in Asia Minor* p. 240 und Rose *Inscr. Gr. vet.* Taf. III, 4:

ϽΑ ΗΙΔϝΩΤΩΓ oder ϽΛΙΙΙΔΕΩΤΩΓ

wonach das Ganze so zu lesen sein dürfte: [Ἑρ]μη|τιάναξ ἡμ|έας ἀνέϑηκεν [ὁ Ἀ|π]ολ.[ων]ίδεω τῶπ|όλλωνι. Auch von dieser Inschrift ist die Vermuthung geäufsert worden, dafs sie eine archaisirende Nachahmung sein möchte. Es ist indessen sie aufrecht zu erhalten jetzt kein Grund mehr vorhanden.

b. Auf dem Sitze einer der durch Hrn. Newton aufgedeckten Statuen am heiligen Wege *(Discoveries etc.* Taf. XCVII. 71).

Ε ϽΒΜΟΣΜϝϝΓΟΙϝΝ *)

d. h. Ἐ[χέ]δημός με ἐποίειν.

c. Auf dem Bruchstück einer Basis am heiligen Wege (Newton *Discoveries* Taf. XCVII. 67. 68. Monatsb. 1859. S. 661), und zwar auf der einen Seite:

ΟΙΛΝ ΑΞΙΜΛΝ ΔϷΟΓΑΙΔϝϟΤΟΜΛΝ ΔϘΟΜΑΧ
ϟΒϞΚΙΨϤƎΤƎΔƎϟΒΙΟϽƎΝΑϟƎ⊕

und auf der entgegengesetzten wiederholt:

Ν ΑΞΙΜΛΝ ΔϘΟΓΙ   ΙΚΙΨϤƎΤƎ

Das Zeichen des Zischlautes schwankt in einer nicht leicht nachzuahmenden Weise zwischen der eckigen (Σ) und abgerundeten (Ϝ) Gestalt, beim Rho ist die Rundung in einer solchen Weise an die senkrechte Linie angeschlossen, dafs es in den einzelnen Fällen schwer hält zu entscheiden, ob Ρ oder Ϸ gemeint ist, und meist ein Mittelding zwischen beiden Formen erscheint.

d. Auf dem Rücken eines steinernen Löwen alterthümlichen Stiles am heiligen Wege (Newton Taf. XCVII. 66).

---

*) Monatsb. 1859. S. 662 etwas abweichend:

Ε . . ΗΜΟΣΜΕΕΠΟΙΕΝ

ΤΑΑΓΑΛΜΑΤΑΤΑΔΕΑΝΕΘΕΕΑΝΟΙΟΡ
ϹΒΛΑΟΟΙϽΧϞΑϽΙϽϽΔΙΛ   ϽΟVΟΙ
ΚΑΙΓΑΕΙΚΛΒΕΚΑΙΒΓΟΕΑΝΔΡΟϹΚΛΙΙΥ
ΑΙΟΤΥΒΙΙϽΔʃΟϽιΙΞΑVΑΙΑΚϽΟΙ
ΓΩΛΩΝΙ

Da die Inschrift schwer zu lesen sein soll und namentlich die zweite
Zeile noch nicht gelöste Schwierigkeiten bietet, erscheint es angemessen der Vergleichung wegen die erste Ausgabe in den Monatsb.
a. a. O. S. 660 der obigen gegenüber zu stellen. Hier sieht die Inschrift so aus:

ΤΑΑΓΑΛΜΑΤΑΤΑΔΕΑΝΕΘΕΕΑΝΟΙΟΡ (?)
ϽΒΙΑ   ΟΙϽΧϞΑϽΙϽϽΔΙΑϿϽΟΝΟ.
ΚΑΙΓΑΕΙΚΛΒΕΚΑΙΒϞ ΒΕΛΝΔΡΟΕΚΑΙ.
ΑΙΩΤϞΒΤΑΚϽΔϽΩϽΙΒΑVΑΙΑΚϽΟΙϽ
ΓΟΛΩΝΙ

wozu bemerkt wird, dafs Z. 2 in der Lücke nach den vier ersten
Buchstaben links eine rundliche Vertiefung befindlich sei, und in
derselben Zeile der fünfte Buchstabe von rechts von Hrn. Newton
als ein Β, von Waddington als ϝ gelesen worden sei. Eine Vergleichung der sich herausstellenden Abweichungen kann zeigen, wie
vieldeutig manche dieser Züge theils wegen des unentschiedenen
und unentwickelten Charakters der Schrift, theils in Folge der Corrosion der Oberfläche sich ausnehmen mögen.

Das Zeitalter dieser Gruppe läfst sich aus dem Iuhalte der Inschriften nicht bestimmen. Thales (wenn dieser Name wirklich auf
der vierten stand, was noch nicht ausgemacht erscheint) und Anaxi-
mandros sind entschieden nicht die bekannten Philosophen; und dafs
Hegesandros der vierten der Vater des Hekataeos sei, ist eine Vermuthung, die sich ebensowenig beweisen als wiederlegen läfst. Es
sind das alles Namen, welche offenbar in dieser Zeit in Milet sehr
gewöhnlich und weit verbreitet waren. Dagegen zeigt der constante
Gebrauch des Β, dafs die Inschriften sämmtlich etwas älter sind, als
die der vorhergehenden Gruppe; weshalb ich sie etwa um die 60. Olympiade setzen möchte. Sie werden dadurch schwerlich zu alt, wahrscheinlich noch etwas jünger gemacht, als sie in Wirklichkeit sind.

6. Die bisher behandelten Inschriften geben ein deutliches und
anschauliches Bild von dem Zustande und der Entwickelung des
Alphabets bei den Ioniern des Festlandes in dem Zeitraume von Ol.
60—82. Der Bestand des Alphabetes an Zeichen ist während die-

ser Zeit constant; schon in den ältesten findet sich das Ω, dagegen
keine Spur mehr von der Verwendung des Digamma als Lautzeichen;
wenigstens müfsten Worte wie 'Αναξίλεως, 'Αναξίμανδρος, 'Ερμησιάναξ
mit demselben versehen sein, wenn es überhaupt noch im Gebrauche
gewesen wäre. Auch ohne nähere Kunde darf vorausgesetzt werden, dafs die Ausbildung des Alphabets sich in ziemlich gleichen
Verhältnissen überall da vollzogen habe, wo ein inniger Zusammenhang des gesammten Lebens mit dem des ionischen Fstlandes angenommen werden mufs, also in den milesischen Colonien und auf
den Inseln Chios und Samos, so gut wie auf Prokonnesos. Leider haben wir von jenen Inseln keine epigraphischen Denkmäler,
die bis in eine so hohe Zeit hinaufreichten; das einzige dieser Art,
das man vermuthungsweise auf Samos bezogen hat, ist nicht samischen Ursprunges. Es ist dies die Aufschrift eines bronzenen Anathems, das sich früher im Museum Nani befand, später in die Sammlung des Grafen Pourtalès-Gorgier zu Paris übergegangen ist, und
von dem nicht angegeben wird, aus welchem Theil von Griechenland
es stamme. Die Inschrift, welche sich über drei Seiten der viereckigen Plinthe, auf welcher die Figur befestigt ist, ausdehnt, lautet (C. I. G. 6):

ΠΟΗΥϜΡΑΤ ΕΜ | ΑΜ Ε⊗Ϝ | ϜΕ

Die sprachliche Form dieser Worte bietet kein Kriterium, nach
welchem sich die Herkunft des Denkmales bestimmen liefse; die
Sprache kann ebensowohl dorisch, als ionisch sein. Da aber der
Stil des Kunstwerkes wie der Charakter der Schrift ein sehr alterthümliches Gepräge tragen, so hat man sich blofs darauf hin für
berechtigt gehalten, unter dem Stifter des Weihgeschenkes Polykrates, den bekannten Tyrannen von Samos (Ol. 61-64, 3) zu verstehen. Der Name kann aber hier um so weniger entscheiden,
als er zu den gewöhnlichen gehört, der Vatername aber nicht
hinzugefügt ist. In dem letzteren Umstande aber einen Beweis dafür zu finden, dafs eine sehr bekannte Persönlichkeit, und
darum wahrscheinlich der Tyrann, gemeint sein müsse, bin ich
nicht im Stande. Es giebt Weihinschriften genug von ganz unbekannten Personen, die es nicht für nöthig gehalten haben, den
Namen ihres Vaters dem eigenen hinzuzufügen; und wenigstens
Hieron von Syrakus, der ohnstreitig dasselbe Recht hatte, sich für
eine Notabilität zu halten, wie Polykrates von Samos, hat in der
Aufschrift des aus der Tyrrhenerbeute nach Olympia geweihten

Helmes nicht unterlassen sich als den Sohn des Deinomenes bezeichnen zu lassen. Entscheidend ist vielmehr, freilich gegen die Beziehung auf Polykrates von Samos, die Beschaffenheit des Alphabets, welches entschieden nicht ionisch ist. Die Inschrift bezeichnet das lange *e* durch E und den Zischlaut durch M, was in keiner ionischen Inschrift, selbst nicht den ältesten, viel weniger in solchen aus der Zeit des Polykrates, je der Fall ist. Zu glauben aber, daſs das samische Alphabet jener Zeit in seiner Entwickelung so weit hinter dem der festländischen Ioner zurückgewesen sei, als hiernach angenommen werden müſste, kann uns so lange nicht zugemuthet werden, als nicht zwingendere Gründe oder überhaupt auch nur Gründe für die Beziehung des Denkmales auf Samos beigebracht werden. Eine viel gröfsere Wahrscheinlichkeit vielmehr (ich möchte sagen, Gewiſsheit) ist dafür, daſs das Denkmal nach Argos gehört. Die Gestalt des Lambda nämlich ist genau die ganz eigenthümliche (Γ), welche dieser Buchstabe im altargivischen Alphabete hat und die bis jetzt nur in argivischen Inschriften sich nachweisen läſst. Da hierzu auch die Gestalt der übrigen Zeichen vollkommen stimmt, so halte ich mich für berechtigt vorläufig die Inschrift als eine argivische, und zwar als eine der ältesten, in Anspruch zu nehmen. Auf keinen Fall darf an samischen Ursprung gedacht werden.

7. Wenn nun auch nicht von Samos selbst, so sind doch von zwei Punkten, welche von Samos aus colonisirt worden sind, sehr alte Inschriften bekannt, welche bis in die besprochene Periode hinaufzureichen scheinen. Nach einer unverdächtigen Überlieferung besetzten um die Mitte des siebenten Jahrhunderts die Samier die Insel Amorgos und gründeten auf ihr die drei Städte Aegiale, Minoa und Arkesine *). In späteren Zeiten wurde sie, wie aus den Zeugnissen zahlreicher Inschriften hervorgeht, von milesischen Kleruchen eingenommen, seit wann, ist nicht bekannt. Denn daſs in den attischen Tributlisten des ersten Jahres, Ol. 83, 2 [Ol 81, 3], Μιλήσιοι ἐν Ἀμοργῷ erwähnt sein sollten, ist mir nicht wahrscheinlich; die verschiedenen Lesarten der obenein verstümmelten Stelle weichen so sehr von einander ab, daſs eine Lesung, welche irgend einen Grad von Wahrscheinlichkeit beanspruchen könnte, sich darauf nicht gründen läſst **). Es mag indessen damit stehen, wie es wolle, für

---

*) Suidas unter Σιμωνίδης Κρίνεω II, 2. S. 760; vgl. Σιμμίας Ῥόδιος p. 753. 54.
**) Vgl. Boeckh Staatshaushaltung der Ath. II. S. 378. 424 f. und Ἐφημ. ἀρχ. 1146.

das sechste Jahrhundert wird man unbedenklich samische Bevölkerung auf Amorgos voraussetzen dürfen. In diese Zeit aber gehört offenbar die Inschrift eines länglichen Steines, welcher an der Stelle des alten Aegiale über der Thür der Kapelle des H. Nikolaos eingemauert ist (C. I. G. 2263 *b*. Roſs *Inscriptt. inedd.* II. n. 119. p. 27):

ΣΟⳊΑΧΩⳆⳆΑ

Mit welchem Rechte Rangabé (*Antiq. Helléniques* II. S. 939 zu 2223) behauptet, daſs *'l'usage de l'Ω proure que l'archaïsme n'est que prétendu dans cette inscription,'* kann nach der bisher gegebenen Zusammenstellung von Denkmälern, welche unzweifelhaft der zweiten Hälfte des genannten Jahrhunderts angehören, leicht ersehen werden. Er folgt eben der Spur des Begründers und Meisters der griechischen Epigraphik; allein gegenüber dem Gewichte wohlbegründeter und unbestreitbarer Thatsachen muſs selbst eine Autorität dieses Ranges zurückstehen, von der überdem zu bezweifeln ist, ob sie jetzt noch einer solchen Auffassung zur Seite stehen dürfte. Wenigstens ist gegen die vorliegende Inschrift irgend ein Verdacht im C. I. nicht geäuſsert worden. Der alterthümliche, aber durchaus originale, Charakter der Schrift, so wie die linksläufige Richtung derselben weisen mit Bestimmtheit auf das sechste Jahrhundert, die Anwendung des Ω, das sich über die 60. Olympiade nicht hinauf verfolgen läſst, auf die zweite Hälfte desselben hin. Dürfen wir ferner annehmen, daſs die Wandelungen des Schriftgebrauches im Einzelnen mit der des festländischen Alphabets im Ganzen parallel gegangen sind, so nöthigt der Gebrauch des Zeichens Ϟ für den Zischlaut, der erfahrungsmäſsig dem des Ϻ in gleicher Bedeutung vorangegangen ist, die Inschrift in den Anfang dieses Zeitraumes zu setzen, da bereits auf den ältesten der oben betrachteten festländischen Inschriften das Ϻ, oder, was dasselbe ist, Ϻ die ausnahmslose Regel ist.

8. Eine andere (nach einer freilich sehr unzuverläſsigen Überlieferung) von den Samiern, ungewiſs zu welcher Zeit, colonisirte Insel war Samothrake. Hier ist das bekannte Basrelief gefunden worden, dessen Inschriften nach O. Müllers Copie im C. I. G. 40 in folgender Gestalt gegeben worden sind:

a. ΝΩϺΜƎΜΑⳆΑ
b. ΤΑΓⴲΥΒΙΟϞ
c. ϜΓΕ

mit der Bemerkung, dafs das Ω in *a* nicht recht deutlich sei und
auch O sein könne; auch wird begründeter Zweifel gegen das A in
b ausgesprochen, den dann auch alle späteren Publikationen des
Denkmales, von Millingen (*Ancient uned. monuments Ser.* II, 1), Rose
(*Inscr. Gr. vet.* Taf. IV, 1 p. 25), Clarac (*Musée de sculpture* II.
pl. 116 n. 238), bestätigt haben, welche A oder A bieten. Aufserdem hat das schliefsende N von *a* auf dem Originale nicht jene
umgekehrte Stellung, da die Inschrift nicht gerade, sondern in einer
Windung folgendermafsen läuft:

$$\text{M } \exists \text{ M A } \daleth \text{ A}$$
$$\text{h } \Omega \text{ N}$$

Bestritten ist die Gestalt des vorletzten Buchstaben in *a*; schon
Müller schwankt zwischen Ω und O; Rose versichert, dafs weder
er, noch sein Freund Hughes etwas anderes als ein O zu erkennen
im Stande gewesen; auch Millingen hat ein O. Dagegen behauptet
Dubois, dafs ein Ω zu erkennen sei, und Clarac giebt auf seiner
Tafel sowohl in der Abbildung des Denkmales selbst, als daneben in der Darstellung der beiden letzten Buchstaben von *a* in
natürlicher Gröfse, das in seltsamer Weise scheinbar aus Θ und Ω
complicirte Zeichen ℚ. Auch versichert mich Hr. Gerhard, welcher
das Denkmal früher bei ungeschwächtem Augenlichte zu untersuchen
mehrfach Gelegenheit gehabt hat, dafs in der That ein Ω auf dem
Originale vorhanden zu sein scheine. Ich selbst habe einen Gyps-
abgufs des hiesigen K. Museums untersuchen können, auf dem ich
deutlich

$$\text{Ϙ } N$$

zu lesen· glaube und der mich an dem wirklichen Vorhandensein
des Ω auf dem Originale nicht zweifeln läfst. Der Stil des Kunstwerkes wie der Charakter der Schrift weisen übereinstimmend das
Denkmal in das sechste Jahrhundert vor unserer Zeitrechnung, um
dessen Mitte etwa es entstanden sein möchte. Ob der Künstler auf
Samothrake lebte und die Inschriften seines Werkes folglich Proben
der damals auf Samothrake geläufigen Schreibweise geben, ist indessen nicht so ausgemacht: das Werk könnte ebensowohl an irgend
einem anderen Orte gefertigt und dann erst nach Samothrake geschafft
worden sein. Indessen habe ich es trotz der Unsicherheit über diesen

Punkt vorgezogen des Denkmales hier zu erwähnen, da ihm eine passendere Stelle anzuweisen nicht wohl möglich schien.

9. Aus dem Gebiet der ionischen Colonien an der Küste des schwarzen Meeres ist nur ein epigraphisches Denkmal älteren Datums erhalten. Es ist dies eine Reliefplatte, Ares von Eros der Aphrodite im Beisein von Poseidon und Hephaestos zugeführt darstellend, welche durch die Beischrift als Weihgeschenk für die in diesen Gegenden verehrte Aphrodite Apaturos bezeichnet wird. Der Entdecker, A. de la Motraye, welcher sie Anfangs des Jahres 1712 auf seiner Reise von Temrjuk am·Asowschen Meere (Phanagoria) zum Kaspischen Meere unter den Trümmern einer hellenischen Ansiedelung mitten in der Nogaischen Steppe in der Nähe des Kuban, durch dessen Delta sein Weg geführt zu haben scheint, auffand, nahm eine Zeichnung derselben auf, welche in der Beschreibung seiner Reisen (*Voyages du Sr. A. de la Motraye en Europe, Asie et Afrique etc. à la Haye* 1727) im zweiten Bande auf Taf. IV, 11 im Stich wiedergegeben worden ist (vgl. S. 73 und C. I. G. 2133). Die Inschrift, nach der Abbildung zu schliefsen, unter dem Bildwerke angebracht, sieht so aus (Taf. IV, 12):

ΘΕ...ΑΡΑΤΟΡΟ////ΜΑ✚////ΑΡΝιΡΕΔΙ////

Der Charakter der Schrift ist so alterthümlich, dafs Boeckh das Denkmal in die 70—80. Olympiade setzen zu können glaubt. In der That dürfte es auf keinen Fall viel jünger sein können, oder die Colonisten in diesen Gegenden müfsten sehr erheblich hinter der Entwickelung im Mutterlande zurückgebliebeu sein. Es ist schon sehr auffällig, dafs in dem zweiten Worte, welches doch am einfachsten als Dativ zu fassen und 'Απατού'ρα[ι] zu lesen ist, das lange *o* durch Ο ausgedrückt erscheint, während bei den kleinasiatischen Ionern schon in der Mitte des sechsten Jahrhunderts das Ω geläufig war. Freilich läfst sich der Grad der Genauigkeit nicht abschätzen, mit der die Abschrift genommen worden ist; wäre er nach dem Mafse der Treue zu beurtheilen, mit der die Zeichnung des Basreliefs ausgeführt ist, so stände es traurig damit. Denn diese giebt eine Darstellung im Stile und Geschmacke des Zeitalters Ludwig des XIV. und XV. (selbst für Feigenblätter ist bei den erwachsenen Personen der Gruppe gesorgt) und kann nur als die allerkläglichste Travestie der antiken, vielleicht sehr verwitterten Reste betrachtet werden, wenn sie nicht gar der Hauptsache nach als ein reines Phantasiestück des Zeichners zu nehmen ist, der aus der Erinnerung frei komponirte, ohne sich vielleicht dabei etwas Arges zu denken. Darum könnte auch die Inschrift immerhin treu copirt sein, obwohl die Möglichkeit nicht ausgeschlossen ist, dafs ein Ω der älteren, etwas unbestimmten Gestalt für ein O genommen wurde. Die Überlieferung ist auf alle Fälle, wie man sieht, nicht danach angethan, um einen Schlufs von irgend welcher Bedeutung darauf bauen zu können.

10. Ein erheblich älteres, das älteste für unsere Kenntnifs überhaupt erreichbare Entwickelungsstadium des ionischen Alphabetes tritt uns in den Söldnerinschriften auf den Kolossen des Tempels von Abu Simbel in Nubien entgegen *). Die umfangreichste und bedeutendste derselben ist nach einem von Lepsius mitgebrachten Abklatsche bereits im C. I. G. 5126 herausgegeben worden. Später hat Hr. Lepsius in den Denkmälern aus Aegypten und Aethiopien XII. Abth. VI. Bl. 99, Gr. 531 sie von neuem publicirt und zugleich ebendas. Gr. 534. 536 und Bl. 98. Gr. 515. 516. 517. 519. 528—30 eine Anzahl kleinerer bekannt gemacht, welche sich in der Nachbarschaft der gröfseren befinden und bisher nicht zu allgemeiner Kenntnifs gelangt waren. Sie stehen untermischt mit phoenikischen Zeilen und Inschriften in einem eigenthümlichen, unbekannten Alphabet, welches Lepsius zweifelnd als karisch bezeichnet; zwischendurch läuft eine Anzahl von Mementos in griechischer Sprache und griechischem Alphabete aus verschiedenen, zum Theil sehr späten, Zeiten. Da Hrn. Lepsius Werk nur Wenigen zugänglich sein dürfte, für das Verständnifs der folgenden Auseinandersetzungen aber eine Anschauung nicht entbehrt werden kann, so habe ich im Folgenden zunächst die Inschriften, um die es sich handelt, zusammengestellt und ihre Züge, so gut es im Druck möglich ist, wiederzugeben versucht. Ich mufs darauf verzichten, die mannigfachen Besonderheiten zur Anschauung zu bringen, welche Inschriften von so verschiedenen Händen nothwendig zeigen und die zum Theil lediglich durch das Ausgleiten des Griffels in wenig geübten Händen hervorgerufen sind, daher aber auch den wesentlichen Charakter der Schrift nicht bedingen und ohne Nachtheil unberücksichtigt bleiben können.

---

*) Vgl. im Allgemeinen Rofs in den Arch. Aufs. II. S. 554 ff.

Auf dem linken Beine des zweiten Kolosses von Süden *).

1.

C. I. G. 5126. Lepsius. Gr. 531.

ΒΑSΙΛΕοsḄΛ⊗οΝΤοsΕSΕΛΦΡΝΤΙΝΑΝVΑΜΑΤΙΧΟ
VΑVΤΑΕΓΡΑΨΑΝΤοΙSΥΝVΛΜΜΑΤΙΧοιΤοι⊗ΕοΚΛοS
ΕΠΑιΒοΝΒΛ⊗οΝΔΕΚΕΡΚΙοSΚΑΤΥΠΕⒹΕΝΙSοΠοΤΑΜοS
ΑΝΙΒΛΛοΝοsοsΔΒ†ΕΠοΤΑΡΙΜΤοΔΙΓVΠΤΙοsΔΕΑΜΑSIS
ΕΓΡΑΦΕΔΑΜΕΑΡ†οΝΑΜοΙΒΙ†οΚΑΙΠΕΛΕΦοsοVΔΑΜο **)

2.

Ebenda; Lepsius Gr. 516.

ΕΓΕΣΙΒΙοΣοΤΒΙοS ***)

3.

Ebenda; Lepsius Gr. 517.

ΤΒΓΓΦοsΜΕΓΡΑΦΒοΙΑΓVSΙοΕ///////////NSΛΕΥ////////

4.

Ebenda; Lepsius Gr. 519.

ΓVⓍοΝΑΜοΙΒΙΧ

---

*) Vgl. Lepsius Briefe aus Aegypten S. 260. 261.

**) Im C. I. G. sind die O etwas zu klein gerathen und irrthümlich sämmtlich mit einem Punkte in der Mitte versehen. Ich kann bezeugen, daß der wohlgelungene Abklatsch der aus fast zwei Zoll hohen durchaus nicht flach eingehauenen Buchstaben bestehenden Inschrift, welcher auch mir vorgelegen hat, an keiner Stelle auch nur die geringste Spur eines solchen Punktes erkennen läßt.

***) So der beigegebene Situationsplan der Inschriften; Gr. 516 steht dagegen abweichend ΕΓΕΖΙΒVS. Zwei Abklatsche, welche mir vorgelegen haben, lassen nichts weiter erkennen, als ΕΓΕΣΙΒ \///S. Entscheidend aber ist, daß Hr. Lepsius selbst an Ort und Stelle vom Originale in sein Tagebuch

5.

Ebenda; Lepsius Gr. 515.

ΓΑΒΙＳοϘοΛοⲰοΝΙοＳ
Ｓ̣ΥΝ ΨΑΜΜΑΤ

6.

Ebenda; Lepsius Gr. 528.

ΒΑΓΕＳΕΡΜΟ

7.

Ebenda; Lepsius Gr. 529.

ΓΑＳΙΔοΝοΙΓΠοΥ

8.

Ebenda; Lepsius Gr. 530.

ΚΡΙ⊗ΙＸ̣ΕΓΡΑΑΝ

Unterhalb des linken Knies eines zweiten Kolosses:

9.

Lepsius Gr. 536 *)

//////ΧΙΤΕΙΜΑΥΑΗ//////////////

10.

Ebenda; Lepsius Gr. 534.

ΒοΜΓＶＳ⊙ΒΗοΚΑΒΑＳΙΛ

ΙυΤΑ◻Ν̄οΙΝ̄οΤΑϤΤＳꟼοΤƎＳΑꟼƎΒＳＶ

Es steht zunächst aufser allem Zweifel, dafs diese Inschriften sämmtlich nicht nur im Allgemeinen etwa derselben Zeit angehören, sondern auch bei derselben Gelegenheit, an demselben Tage, vielleicht in derselben Stunde eingehauen worden sind. Denn der Psammatichos, in dessen Begleitung der Schreiber von n. 5 den Ort besucht zu haben angiebt (Z. 2 σὺν Ψαμματ(ίχῳ)), ist doch keine andere Person, als entweder der König Psammatichos oder der griechische Bandenführer dieses Namens, welche beide auf n. 1

ΕΓΕＳΙΒΙΟＳ eingetragen hat, wie ich mich durch den Augenschein habe überzeugen können.

*) Ungewifs, ob hierher gehörig.

erwähnt werden; und wenn in n. 10, aus deren Anfang ich allerdings Nichts zu machen weifs, im weiteren Verlaufe deutlich von
der Zeit die Rede ist, ὅκα βασιλεὺς ἤλασε τὸν στρατὸν [τ]ὸ πρᾶτο[ν],
so ist unter diesem Könige doch wohl ohne Zweifel der König
Psammatichos von n. 1 zu verstehen. Auch dürfte in dem Πύθων
'Αμοιβίχου von n. 4 der Bruder jenes Ἄρχων 'Αμοιβίχου *) zu erkennen sein, der laut Z. 4 bei der Herstellung der grofsen Inschrift
n. 1 geholfen hat. Hierzu kommt der trotz aller individuellen Verschiedenheit in allem Wesentlichen vollkommen gleichartige Charakter der Schriftzüge und der Umstand, dafs sämmtliche Inschriften
offenbar in demselben Alphabete geschrieben sind. Die Buchstabenformen stehen durchweg auf demselben Standpunkt der Entwickelung; denn Schwankungen, wie die zwischen Λ und Γ, Γ und
Ρ oder Γ, Φ und Φ, V und Y, sind von gar keiner Bedeutung.
Koppa und Psi erscheinen nicht nur auf n. 1, sondern auch auf
n. 5, Psi auch auf n. 3 (und n. 9), das Chi wird durch das Zeichen X sowohl auf der grofsen Inschrift, wie auf n. 5 ausgedrückt,
das O bezeichnet überall unterschiedslos den Laut des o, ω und ου,
nur ist auf n. 1 z. 4 einmal der Diphthong, aber auch nur im
Inlaut, mit OV geschrieben. Charakteristisch ist ferner die allen
Inschriften gemeinschaftliche Bezeichnung des Zischlautes durch S,
welches nur manchmal verkehrt gewendet erscheint und wofür einmal n. 8 das jedenfalls verwandte Zeichen Ƨ sich findet, während
nirgends auch nur eine Spur des älteren M oder des später allgemein gebräuchlichen Ϲ auftaucht. Dieselbe Übereinstimmung herrscht
in Bezug auf den Gebrauch des Zeichens B. Dasselbe bezeichnet
nämlich vorwiegend und höchst regelmäfsig das lange e, und nur
in n. 6 'Αγεσίρμου (vgl. Πύθερμος und ähnliche Bildungen) und n. 3
in ὁ den Spiritus, in letzterer Inschrift aber daneben auch noch η
in dem Namen Τήλεφος; sonst bleibt der Hauch regelmäfsig ohne
Bezeichnung. Damit stimmt, dafs nirgends sich ein Beispiel findet,
dafs Ɛ für langes e stände; denn BƐΓASƐ in n. 10 ist doch
wohl nur ein Versehen für BΓASƐ, wie deren noch manche vorkommen **), und warum in der grofsen Inschrift Z. 4 ΓΕΛΕϘΟS

---

*) Man hat sich zwar gewöhnt, in dieser Zeile ἔγραφε Δαμιάρχων 'Αμοι-
βίχου zu lesen und die monströse Namenbildung Δαμιάρχων wohl oder übel
hinzunehmen; nichts aber ist gewisser und, wie ich hoffe, einleuchtender, als
dafs ἔγραφε δ' ἀμὲ Ἄρχων 'Αμοιβίχου abzutheilen ist.

**) Z. 2 der grofsen Inschrift ist in ⊗EOKΛOS ein Ɛ ausgefallen,

durchaus Πηλ.η9ος gelesen werden soll, und nicht Πίλ.ε9ος, was eben
so gut ist, sehe ich nicht ein. Ebenso ist n. 2 'Ελετίβιος (vgl.
όρετίτροφος u. s. w.) und nicht etwa 'Ηγητίβιος zu verstehen, und das
um so mehr, als in dieser Inschrift nicht nur das Ｂ in Τήιες den
Vokal bezeichnet, sondern auch in Übereinstimmung damit der
Spiritus beim Artikel ὁ ohne Bezeichnung geblieben ist. Wir
haben also anzunehmen, dafs zur Zeit der Inschriften der Gebrauch des Ｂ insofern noch ein schwankender gewesen sei, als
das Zeichen zwar schon ausnahmslos in allen vorkommenden Fällen für den langen E-Laut Verwendung gefunden habe, daneben
aber noch vereinzelt zur Bezeichnung des für gewöhnlich nicht mehr
ausgedrückten Spiritus gebraucht worden sei, ganz wie dies auf
den älteren Inschriften von Thera, Melos und Naxos der Fall ist,
welche weiter unten besprochen werden sollen.

Stellen wir hiernach das Alphabet zusammen, wie dies in Col.
VII. der Tafel geschehen ist, so vermissen wir die Zeichen für Zeta
und Xi. Das Fehlen des ersteren ist selbstverständlich rein zufällig,
es mufs aber dasselbe auch von dem lezteren behauptet werden, da
einmal der Inhalt der Inschriften zu einer Verwendung desselben
keine Gelegenheit bot, wefshalb sich nicht nur das Zeichen, sondern
überhaupt irgend ein Ausdruck für den damit zu bezeichnenden Laut,
der eben zufällig nicht vorkommt, nicht findet, sodann aber auch,
weil das Alphabet nicht nur ein φ und χ, sondern auch ein ψ besitzt
und es nicht glaublich erscheint, dafs man zwar das Bedürfnifs
empfunden habe für die Lautverbindung πσ u. s. w. ein besonderes Zeichen zu besitzen, in Bezug auf Verbindungen der Gutturale mit dem
Zischlaut aber ein solches sich noch nicht geltend gemacht habe.
Es kommt zwar in Alphabeten der zweiten Reihe häufig vor, dafs
ein ξ sich findet, aber noch kein ψ, der umgekehrte Fall aber ist
bis jetzt wenigstens ohne Beispiel. Ungewifs dagegen bleibt die Entscheidung in Sachen eines dritten fehlenden Zeichens, nämlich des
Vau. Es kommt in diesen Inschriften kein Wort vor, in welchem
wir unter der Voraussetzung, dafs die Verfasser diesen Laut noch
sprachen, das Zeichen zu finden erwarten dürften; dafs es sich nicht
findet, beweist folglich nach keiner Seite. Unzweifelhaft fand es sich

---

ebenso Z. 4 vor dem letzten Namen OVΔAMO ein ⊗ (Θουδάμου). Auch kann
man sich Z. 3 kaum anders helfen, als durch die Annahme, IƧOΠOTAMOƧ
sei verschrieben aus EƧOOΠOTAMOƧ (Ις ὁ ὁ κοταμός). N. 7 scheint D
für Φ verschrieben (Πασιφῶν ὁ 'Ιππο...).

im Alphabete, ob es aber auch im Schriftgebrauche noch verwendet
wurde, hing von dem Zustande der lautlichen Entwickelung des Dialektes in diesen Zeiten ab, von der wir nur unzureichende Kenntnifs
besitzen. Es darf mit Sicherheit angenommen werden, dafs der Laut
von den Ionern in dieser Zeit nicht mehr gesprochen, das Zeichen
folglich auch nicht mehr verwendet wurde; von den Dorern dieser östlichen Gegenden kann dies indessen nicht mit derselben Bestimmtheit
behauptet werden. Es rühren aber unsere Inschriften von Leuten theils
jonischer, theils dorischer Zunge her. So sind n. 2 und 5 von Ionern
aus Teos und Kolophon geschrieben, n. 1. 6. 10. dagegen zeigen dorischen Dialekt und wenn der Python von n. 4 nach einer oben bereits ausgesprochenen Vermuthung der Bruder des in n. 1 sich nen-
nenden Archon war, so haben wir auch ihn für einen Dorer zu
nehmen. Aus welcher Gegend diese Dorer stammten, lehrt n. 3, als
deren Schreiber sich ein Rhodier nennt: Τήλεφός μ' ἔγραψε ὁ Ἰαλύ-
σιο[ς...; die Vermuthung liegt nahe, dafs auch von den übrigen
dorisch redenden Schreibern einige wenigstens Rhodier waren; andere
mögen aus anderen Städten der dorischen Hexapolis oder aus Pha-
selis nach Aegypten gekommen sein, um als Reisläufer zu dienen.
Ungewifs bleibt unter diesen Umständen nur die Nationalität der
Verfasser von n. 7. 8. (9). Trotzdem bedienen sich alle desselben
Alphabets, welches augenscheinlich das ionische der damaligen
Zeit ist, das sich von dem der milesischen Inschriften aus Ol. 60
nur dadurch unterscheidet, dafs es das Ω noch nicht kennt und statt
Ξ das Zeichen Ϟ verwendet, welches auch sonst sich erfahrungs-
mäfsig stets als älter im Gebrauche erweist, denn jenes. Dafs es
aufserdem auch noch das Koppa an Stelle des Kappa vor einem o
zur Anwendung bringt, begründet ebenfalls höchstens einen Unterschied des Alters und vielleicht nicht einmal diesen, da die bis jetzt
bekannten Denkmäler die Annahme wenigstens nicht nothwendig
machen, dafs das Koppa schon um Ol. 60 aus dem Gebrauche verschwunden gewesen sei. Die Richtung der Schrift ist zwar fast
überall, auch in den mehrzeiligen Inschriften, entschieden rechtsläufig; allein die Stellung des Ϟ ist in n. 5 und 10 eine linkshin
gewendete und n. 10 zeigt entschieden furchenförmige Anordnung der
Zeilen im Übergange aus der rechtsläufigen in die linksläufige Richtung. Dafs aber Rhodier schon in so früher Zeit sich des ionischen Alphabetes bedienten, ist eine Thatsache, welche wir eben
auf das Zeugnifs dieser Inschriften annehmen müssen, und die um
so weniger auffallend erscheinen wird, wenn wir erwägen, dafs

schon um die 33. Olympiade das ionische Epos sich nach Rhodos
verbreitet und hier zur Nachahmung angeregt hatte.
Kaum ein halbes Jahrhundert später nämlich, als diese Zeit,
werden die Inschriften zu setzen sein. Dafs sie älter seien, als die
60. Olympiade, ist nach dem Obigen aus epigraphischen Gründen
nothwendig anzunehmen und wird daran heut zu Tage schwerlich
noch Jemand zweifeln wollen. Eine genauere Zeitbestimmung verstatten die Umstände, unter denen sie nach ihren eigenen Angaben
an jenem entlegenen Orte angebracht worden sind. Nach der Er-
zählung von n. 1, verglichen mit der Angabe in n. 10, geschah dies
nämlich zu der Zeit, als König Psammatichos mit Heeresmacht
nach Elephantine, und zwar, wenn meine Lesung des Schlusses von
n. 10 das Richtige treffen sollte, überhaupt zum ersten Male während seiner Regierung, gekommen war. Damals unternahm eine
Abtheilung seiner griechischen Söldner unter Führung des Psammatichos, Theokles' Sohn, begleitet von zwei des Landes kundigen
Leuten, dem Aegypter Amasis und einem Aethiopen barbarischen
Namens, von Elephantine aus, vielleicht auf eigene Hand, vielleicht
auch im Auftrage des Königs, eine Entdeckungsreise auf dem Nil.
Sie drangen auf dieser für damalige Zeiten kühnen und abenteuer-
lichen Fahrt südwärts über die weiter nicht bekannte Örtlichkeit
von Kerkis so weit vor, als nach ihrer Angabe die Beschaffenheit
des Fahrwassers es ihnen verstattete, also etwa bis zur zweiten
Katarakte. Auf dem Rückwege legten sie bei Abu Simbel an und
stifteten hier in der Nähe des Endpunktes ihrer Reise ein Erinne-
rungszeichen, indem sie in aller Namen die grofse Inschrift no. 1
auf dem linken Bein des einen Kolosses durch zwei des Schreibens
kundige Kameraden anbringen liefsen. Einzelne Mitglieder der
Gesellschaft, welche dieser in damaliger Zeit nicht allgemein ver-
breiteten Kunst sich ebenfalls rühmen konnten, benutzten gleichzeitig die Gelegenheit ihre Namen privatim zu verewigen und dieser
Regung des Ehrgeizes Einzelner verdanken die kleineren Inschriften
ihre Entstehung. Es fragt sich nur, ob unter dem aegyptischen
Könige Psammatichos, unter dessen Regierung dieses Ereignifs sich
zugetragen haben soll, der erste oder zweite dieses Namens zu verstehen ist. Für den ersten haben sich aufser Anderen Lepsius,
Rofs und, wenn auch nicht ganz bestimmt, Franz erklärt, den zweiten will Bergk *) verstanden wissen, vorläufig ohne Angabe der

---

*) Philologus XII. S. 579.

Gründe. Von dem letzteren, welchen Herodot Psammis nennt, berichtet dieser, dafs er kurz vor seinem Tode einen Heereszug nach Aethiopien unternommen habe *), auf welchem er ohne Zweifel Elephantine berührt haben wird. Aber auch von dem ersten Psammaticbos ist unbestreitbar, dafs er Elephantine besucht hat. Denn zu seiner Zeit bereits war die Insel der Grenzplatz gegen die Aethiopier und die Erzählungen von den auf seinen Befehl in der Nähe der Insel ausgeführten Sondirungen im Nil, so wie von seiner Verfolgung der von Elephantine nach Aethiopien desertirenden Krieger **) berechtigen zu der Annahme, dafs er nicht nur einmal, sondern öfter den Platz besucht hat. Dafs dies auch einmal an der Spitze einer Heeresmacht geschehen sei, sehe ich keinen Grund in Abrede zu stellen. Schon der erste Psammatichos ferner nahm bekanntlich ionische und karische Söldner in Dienst, welche unter ihm und seinen Nachfolgern eine stehende Truppe bildeten und sich gegen das Ende der Regierung des Apries angeblich auf 30,000 Mann beliefen ***). Bei solcher Lage der Sachen fällt die Entscheidung schwer und ich wenigstens sehe nicht, auf welchem Wege eine Gewifsheit zu erlangen sein sollte. Dagegen mufs ich bekennen, dafs mir die gröfsere Wahrscheinlichkeit dafür zu sein scheint, dafs das Ereignifs in die Regierung des ersten Psammatichos gehört; denn was wir aus den Inschriften über das Unternehmen ihrer Verfasser entnehmen können, characterisirt dasselbe ganz und gar als einen ersten Versuch der Recognoscirung eines fremden und unbekannten Grenzlandes, das freilich auch späterhin feindlich blieb, aber seit der Errichtung des Grenzpostens auf Elephantine allmählig bekannter werden mufste, so dafs zu den Zeiten des zweiten Psammatichos eine Exploration dieser Art, die sich nicht über die zweite Katarakte hinaus erstreckte und lediglich auf dem Flusse ausgeführt wurde, überflüssig gewesen sein dürfte, weil sie Neues kaum lehren konnte. Für unseren Zweck ist überdem der Ausfall der Entscheidung von keinem besonderen Belang. Denn wenn wir auch das Unternehmen in die Zeiten des ersten Psammatichos versetzen, sehen wir uns doch, wie Rofs richtig bemerkt hat, genöthigt, in die letzte Hälfte seiner Regierung herabzugehen, da der Führer der Gesellschaft, der als der Sohn des Theokles bezeichnet wird und folglich ein Grieche war, bereits den

---

*) II, 160.
**) Herodot II, 28. 30.
***) Derselbe II, 163.

Namen Psammatichos führt, den er schwerlich selbst angenommen hat. Ist er ihm aber bei seiner Geburt gegeben worden, so kann der Mann erst in einer Zeit geboren sein, zu der der Verkehr der kleinasiatischen Griechen mit Aegypten nicht mehr ganz jung war, also frühestens einige Zeit nach der Einigung der aegyptischen Dodekarchie durch Psammatichos, und ein Unternehmen, bei dem er als Führer fungiren konnte, muſs nothwendig frühestens in die späteren Regierungsjahre dieses Königs fallen. Ob aber die Inschriften in die 40., oder erst in die 47. Olympiade fallen (denn auf diesen Abstand würde sich dann der Unterschied der Zeit reduciren), ist eine Frage, deren Entscheidung für die Geschichte des Alphabets von keiner wesentlichen Bedeutung ist. Denn sollten die Inschriften auch wirklich erst in das Jahr vor dem Tode des zweiten Psammatichos und also in Ol. 47 gehören, so wird doch Jedermann gern zugeben, daſs der Zustand des Alphabetes, in welchem sie geschrieben sind, dreiſsig Jahre früher kaum ein wesentlich verschiedener gewesen sein wird.

11. Bleiben wir also, um sicher zu gehen, bei dieser spätesten möglichen Datirung stehen, so lehren uns diese Inschriften einmal das Entwickelungsstadium kennen, welches das ionische Alphabet um die 47. Olympiade erreicht hatte und dessen wesentliche Unterschiede von dem späteren der 60. Olympiade bereits oben kurz angegeben worden sind; sodann aber entnehmen wir aus ihnen die Thatsache, daſs dieses Alphabet zu der angegebenen Zeit auch bei den dorisch redenden Griechen des südwestlichen Kleinasiens, insbesondere auf Rhodos, allgemein verbreitet und im Gebrauche war. Wann es sich über diese Gegenden verbreitet, läſst sich bei dem Mangel so hoch hinaufreichender epigraphischer Denkmäler dieses Bereiches nicht mehr feststellen; Aufschluſs würden vielleicht hierüber die Inschriften einer in der 25. Olympiade von Rhodos deducirten Colonie, nämlich des sicilischen Gela geben, wenn sie sich nicht auf das geringe Maſs der älteren Münzlegenden dieser Stadt, CEΛΑΣ, und die allzu kurze Aufschrift eines ehernen Würfels, vermuthlich eines Gewichtstückes, beschränkten, welche C. I. G. 8591 publicirt worden ist:

TONCΕΛOIONΡΛΛI

Leider fehlen gerade die charakteristischen Zeichen, aus denen sich die Stellung des Alphabetes zu anderen abnehmen lieſse. Der Mangel des Ω, die Aufnahme des späteren Σ und selbst die besondere

Modification der Gestalt des Gamma, welche beide Male begegnet, sind aber Kriterien von nicht entscheidender Bedeutung und lassen uns über das Verhältniſs dieses Alphabets zum ionischen wie zu andern völlig im Dunkeln.

[Die Frage nach der Beschaffenheit des vor Annahme des ionischen in so früher Zeit auf Rhodos verwendeten Alphabetes würde sich entscheiden lassen, wenn es feststände, daſs die von Conze 1864 publicirte Vase ältesten Stiles, welche sich im britischen Museum befindet und in einem Grabe bei Kameiros auf Rhodos gefunden wurde, auch auf Rhodos angefertigt worden ist, eine Annahme, welche durch die dorische Namenform Μενέλας zwar unterstützt, aber nicht erwiesen wird. Die Buchstabenformen der Aufschrift

    a. ΜΕΝΕΗΑΜ

    b. ϞΟΤΧϵ

    c. ΕΥΦΟΡΒΟΜ

namentlich das Lambda, führen auf Identität des Alphabetes mit dem ältesten argivischen und Rhodos soll ja von Argos aus colonisirt worden sein.]

12. Dagegen findet die Thatsache einer sehr frühen Verbreitung des ionischen Alphabets bei den Dorern Kleinasiens und der benachbarten Inseln eine erwünschte Bestätigung durch ein Denkmal von Kypros, welches in der *Revue archéologique* 1862 S. 247 beschrieben wird als 'stèle formée de deux lions adossés audessus du globe ailé égyptien'. Auf der einen Seite der Plinthe finden sich 'sept lettres chypriotes', auf der andern steht die dorische Inschrift:

    ΚΑΡΥΞ ΕΜΙ

Das Denkmal scheint sehr alt und das Ξ beweist, daſs das Alphabet der Inschrift das ionische ist. Die Herrschaft ionischer Bildungselemente auf Kypros ist überdem hinlänglich durch die Pflege bezeugt, welche hier schon in verhältniſsmäſsig frühen Zeiten das Epos fand und von der die einzelne der homerischen Hymnen und die Κύπρια ἔπη des Stasinos sich eine Vorstellung zu bilden noch jetzt verstatten. Daſs mit der Dichtung auch das Alphabet vom ionischen Festlande her hier Eingang fand, ist sonach leicht erklärlich.

13. Ebenso unverkennbar ist der Einfluſs, den das ionische Alphabet auf die Gestaltung der Schrift bei den barbarischen Nachbarn in Kleinasien, namentlich den Phrygern und Lykiern, ausgeübt hat. Im besonderen muſs das lykische Alphabet, welches uns in zahlreichen Schriftdenkmälern einer späteren Periode seit

geraumer Zeit zugänglich geworden ist, als ein freilich durch zahlreiche Differenzirungen erweiterter und modificirter Ableger des ionischen bezeichnet werden. Da die Ableitung in ziemlich früher Zeit Statt gefunden zu haben scheint, so steht zu erwarten, daſs eine genauere Erforschung des lykischen Alphabetes Aufschlüsse über den früheren Bildungsproceſs des Mutteralphabets gewähren werde; leider ist die Bestimmung der lautlichen Geltung der einzelnen Zeichen des lykischen Alpabets (auf die es hier mehr, als auf die Gestalt derselben ankommt, da in letzterer Beziehung bei fortdauernder Berührung eine allmählige Ausgleichung zwischen beiden sich vollzogen zu haben scheint) noch so wenig methodisch begründet, daſs es gerathen erscheint, von einer Benutzung dieses wichtigen Hülfsmittels für die vorliegende Untersuchung vorläufig noch Abstand zu nehmen. Ich begnüge mich daher, auf diesen Punkt und die Aussicht, die er gewährt, hingewiesen zu haben, und wende mich der Betrachtung der westlichen Alphabete, zunächst der der Inseln, zu.

2. Die Alphabete der Inseln des Aegaeischen Meeres.
Thera und Melos.

14. Der Vorrath von archaischen Inschriften von Thera, durchaus Grabinschriften, welche selten mehr als bloſse Namen enthalten, ist seit der Zeit, daſs durch Boeckh in den Abhandlungen der philos.-histor. Klasse dieser Akademie 1836 S. 41 ff. (n. 1-20) die ersten nach Abschriften von Prokesch und Roſs bekannt gemacht worden sind, nicht erheblich vermehrt worden *). Indessen lieſs sich schon aus jenem ursprünglichen Material das Alphabet (Columne VIII) dieser Inschriften, die nach Ausweis ihres epigraphischen Charakters ein und derselben Entwickelungsperiode des Schriftgebrauches angehören, so vollständig darstellen, daſs die

---

*) Vgl. Roſs *Inscr. inedd.* II p. 82 n. 199 (Ἐφημ. ἀρχ. 429. Rangabé 3. Lebas Taf. V, 7), n. 201 *a* und *b* (Rangabé 355); *Bulletino dell' inst. archeol.* 1842 p. 173 (Roſs *Inscr. inedd.* III. p. 10. n. 247. Rheinisches Museum 1843 p. 443. Lebas Taf. V, 12), auch Ἐφημ. ἀρχ. 437 (Rangabé 2. Lebas Taf. V, 6). [Zwei weitere sind von Michaelis in den *Annali dell' inst. arch.* 1864 *tav. d'agg.* R. 3, 4 publicirt worden. Die eine bietet in Θαῤῥύμαχος (wie zu lesen ist) als Varietät des Zeichens für Koppa Ϙ und zugleich das interessante Beispiel der Anwendung von Ϙⱶ für Kⱶ vor folgendem O.]

später bekannt gewordenen Denkmäler derselben Gattung nur dazu haben dienen können, schon feststehendes und bekanntes durch neue Belege zu bestätigen; die in den Boeckhschen Inschriften zufällig nicht vorkommenden Zeichen des Beta, Vau und Zeta sind auch bis jetzt noch, ebenfalls zufällig, in Beispielen nicht nachgewiesen. Es versteht sich von selbst, daß das erste und dritte von diesen unbedingt als im Alphabete vorhanden und in der Schrift gebraucht vorauszusetzen sind: auch von dem Vau bin ich indessen geneigt dies anzunehmen, obwohl sein Gebrauch wenigstens in der Zeit der Inschriften ein schon sehr beschränkter gewesen sein muß. Denn nicht nur zeigen Namenformen, wie Λεοντίδας, Περίλας, Κλιαγόρας; und die verhältnifsmäfsig häufigen Bildungen auf -κλῆς, dafs der Laut, den das Zeichen ausdrückte, im Inlaute der Wörter so gut wie verschwunden ist, auch im Anlaute scheint, vor Consonanten (Ῥηξάνωρ) wie Vokalen (Ὀρθοκλῆς und sogar Ἰπάος und Ἰσοκλείδας, wenn Boeckhs Lesung von n. 13 die richtige sein sollte), sein Leben bereits im Verlöschen gewesen zu sein. Eine beschränkte Verwendung im Anlaut ist daher das Einzige, was nach Lage der Sachen als möglich zugestanden werden kann.

Dieses Alphabet nun steht in Bezug auf Alterthümlichkeit der Buchstabenformen wie des Bestandes der Zeichen nicht nur auf ganz gleicher Stufe mit dem ältesten ionischen Alphabete der Söldnerinschriften, sondern übertrifft dasselbe noch um ein Bedeutendes. Zwar wird, wie dort, das ⊟ schon nicht mehr ausschliefslich zur Bezeichnung des Hauches, sondern daneben schon ziemlich regelmäfsig (nur einmal findet sich langes e noch durch Ε ausgedrückt in Ῥηξάνωρ) zu der des langen e verwendet; allein das Jota hat noch nicht die Gestalt des einfachen, sondern des gebrochenen Striches in den mannigfaltigsten Modificationen und der Zischlaut wird weder durch Ϡ noch Ϟ, sondern durch das im Gebrauch stets ältere Μ bezeichnet, und zwar ausnahmslos. Denn die Form Σ, welche wohl auch daneben angesetzt worden ist, beruht auf einem Irrthum, zu dem Inschrift n. 16 bei Boeckh den Anlafs gegeben hat. Diese Inschrift folgt in ihrer Richtung dem Rande des viereckigen Steines, auf dem sie eingehauen ist: an der unteren linken Ecke beginnend geht sie bis zu dessen unterer rechten Ecke, wendet hier nach oben und läuft längs der rechten Seitenkante bis zur oberen rechten Ecke, wo sie im Begriff nach der oberen Kante umzubiegen mit dem fraglichen Zeichen endigt:

Es scheint mir hiernach deutlich, daß dasselbe nicht als Schluß der Seitenzeile, sondern als Anfang der mit ihm beginnenden Oberzeile zu betrachten ist, und daß die Absicht war, die Zeichen der Oberzeile so zu stellen, daß ihr Fuß, nicht ihr Kopf nach der Oberkante gerichtet war, welche Absicht durch den rein zufälligen Umstand einigermaßen verdunkelt worden ist, daß auf diese Oberzeile nur ein einziger Buchstabe, gerade dieses M, zu stehen kam. Denken wir uns die Inschrift, etwa durch Προκλέους, fortgesetzt, so würde sie folgendes Aussehen erhalten haben:

Es ist folglich kein Anlaß vorhanden, allein auf Grund dieser Inschrift neben dem regelmäßigen M ein Σ im Alphabete zu statuiren. [Die Originalabschrift in dem Tagebuch von Roſs giebt die Inschrift gewiß richtiger in folgender Gestalt:

].

Noch alterthümlicher indessen, als durch die ausschließliche Anwendung einzelner wenigstens im Gebrauche älterer Zeichen, erscheint das Alphabet durch den Umstand, daß es von den nicht phoenikischen Buchstaben nur das Υ, aber noch kein ξ, ψ, φ, χ besitzt, welche Laute und Lautverbindungen es vielmehr durch die Buchstabenverbindungen κσ, πσ, πh, κh ausdrückt. Zwar scheint auf der Inschrift n. 2 bei Boeckh das Zeichen Φ vorzukommen:

ΦΟ ϘϒΝ ο Μ

allein die Lesung dieses Namens ist so wenig sicher, da auch die
Bedeutung des dritten Zeichens nicht klar ist, dafs es gerathen
scheint, auf dieses Φ sich nicht allzusehr zu verlassen und es weder
für φ noch für Koppa (dieses erscheint in seiner normalen Gestalt
als Ϙ auf n. 1) in Anspruch zu nehmen, sondern einfach auf ein
Versehen des Abschreibers zurückzuführen, zumal da gerade diese
Inschrift nebst einigen anderen nur in einer Kopie, und zwar nicht
durch eine Rossische, bezeugt ist. [Die Rossische Abschrift in dessen Tagebuch sieht so aus:

ΦΟ ϘϒΝ ΟΜ

Also doch wohl Ϙό[ρ]υνος.] Dagegen scheint sicher, dafs für O die
beiden Zeichen O und Θ nebeneinander im Gebrauche waren. Denn
der Grund dieser Verschiedenheit kann nicht in dem Unterschiede der
Zeit oder der individuellen Gewöhnung verschiedener Steinhauer gefunden werden, da beide Zeichen sich in einer und derselben Inschrift (*Bulletino arch.* 1842 p. 173) neben einander verwendet finden:

$$\text{ϚΜƎΗ ΜΟ Ψ Θ Ϟ 𐌠 Λ}$$

d. h. Ἀπρωνός εἰμι. Aufser hier findet sich das Θ nur noch in den
Inschriften des Steines n. 1 bei Boeckh, der durch Rofs nach Athen
geschafft und dessen Aufschriften von Rangabé 1 und Lebas Tf. I, 4
später von Neuem publicirt worden sind; auf allen übrigen ohne
Ausnahme nur O. Auf jenem Stein finden sich die neun Namen
Ῥηξάνωρ, Ἀρχαγίτας, Προκλῆς, Κλεαγόρας Πειραιεύς, Ἄγλων, Περίλας,
Μαλήκος, Λεοντίδας und Ὀρθοκλῆς, offenbar zu verschiedenen Zeiten
und wahrscheinlich auch von verschiedenen Händen, eingetragen.
Boeckh giebt in diesen Namen überall Θ, wie aus S. 55 zu ersehen,
nach Rofs, während die Prokeschsche Abschrift nur in dem einen
Namen Ἄγλων ein Θ, sonst überall O bot. Der Lebassche Stich da-
gegen kennt nur O und kein einziges Θ, Rangabé wiederum beides,
und zwar Θ in Ῥηξάνωρ und Ἄγλων, O in Προκλῆς, Κλεαγόρας,
Λεοντίδας und Ὀρθοκλῆς (an beiden Stellen). Nimmt man hierzu die
Thatsache, dafs in allen übrigen Inschriften das dort allein überlieferte O regelmäfsig nur die Laute ο oder ευ bezeichnet, mit einziger Ausnahme des überdem nicht sichern Beispieles n. 15*b*

ΜΥ1ϟϞΟΔ *), was Boeckh Δωρι[ε]ύς gelesen hat, welche Lesung aber doch nicht aufser allem Zweifel steht, so wird die Vermuthung sich nicht abweisen lassen, welche eine genauere Untersuchung des zum Glück zugänglichen Steines n. 1 entweder bestätigen, oder widerlegen wird, dafs die ursprünglich identischen Zeichen O und ☉ im Zeitalter dieser Inschriften bereits zu einer Differenzirung der Laute o (ου) und ω in der Weise verwendet worden seien, dafs mit O übereinkömmlich der kurze Laut und der Diphthong, mit ☉ der lange O-Laut bezeichnet wurden. Diese Annahme ist um so wahrscheinlicher, als, wie sich zeigen wird, auch das dem theräeischen so nahe verwandte Alphabet des benachbarten dorischen Melos schon in sehr früher Zeit die Neigung verräth, kurzes und langes o in der Schrift zu unterscheiden und zu diesem Behufe in freilich eigenthümlich abweichender und ganz eigenartiger Weise sich durch die Differenzirung des Ȯ ein Zeichen für den langen O-Laut geschaffen hat, die Berufung auf das verhältnifsmäfsig späte Auftauchen des Ω im ionischen Alphabete folglich als beweisende Instanz gegen diese Annahme nicht gelten kann.

Die Richtung der Schrift ist in diesen Inschriften, in Übereinstimmung mit dem alterthümlichen Charakter des ganzen Alphabets, theils links-, theils rechtsläufig, sowohl in ein-, als in mehrzeiligen Inschriften, so zwar, dafs die Anzahl der Beispiele für beide Weisen bis jetzt ziemlich dieselbe ist (17 und 15); seltener, nur in drei sicheren Beispielen vertreten, ist daneben die furchenförmige Anordnung der Zeilen mit abwechselnd links- und rechtsläufiger Schrift.

Was das Zeitalter dieser Inschriften betrifft, so mufs ich bekennen, dafs die Gründe, auf die hin Boeckh S. 71 ff. die eine derselben in die Epoche der Perserkriege, eine andere in die vierziger Olympiaden glaubte verweisen zu können, für mich nichts Überzeugendes haben, wie er denn selbst weit davon entfernt ist, ihnen zwingende Beweiskraft beizulegen. Ich glaube vielmehr, dafs aus dem Inhalt der Inschriften Merkmale ihres Zeitalters ableiten zu wollen ein ganz vergebliches Unternehmen ist und dafs lediglich der Charakter der Schrift und die Beschaffenheit des Alphabets als Anhaltspunkt benutzt werden können, um eine wenn auch nur un-

---

*) [Die Abschrift in dem Tagebuch von Rofs bietet

ΜΥℲϟϞΟΔ

wodurch freilich Boeckhs Lesung, aber auch meine Vermuthung bestätigt wird.]

geföhre Zeitbestimmung zu gewinnen. Es steht zwar nicht fest, dafs die Entwickelung des Alphabets auf Thera der des ionischen auf dem Festland vollkommen parallel verlaufen ist, und es ist denkbar, dafs sie einen stabileren Charakter gehabt hat, allein es ist auch nicht der mindeste Grund zu der Annahme vorhanden, dafs diese Entwickelung sich auf Thera sehr viel langsamer vollzogen habe. Da nun der Standpunkt, auf dem das Alphabet dieser ältesten Inschriften steht, augenscheinlich ein sehr viel älterer ist, als selbst der der Söldnerinschriften von Abu Simbel, so wird es schwerlich zu hoch gegriffen sein, wenn ich annehme, dafs sie in Anbetracht der schon hervorgehobenen Gleichartigkeit des Charakters ihrer Schrift sammt und sonders der zweiten Hälfte des 7. Jahrhunderts angehören und vielleicht noch über die 40. Olympiade hinauf zu setzen sind.

Über den Gang, den die weitere Entwickelung des Alphabets auf Thera bis zur Reception des ionischen Alphabets genommen, und über die Zeit, zu der die letztere Statt gefunden, sind wir nicht unterrichtet. Denn zwischen den ältesten, so eben besprochenen Inschriften und den zahlreichen späteren aus der Zeit der ausschliefslichen Herrschaft des ionischen Alphabetes liegt eine weite Kluft, welche durch dasjenige nicht hinreichend ausgefüllt wird, was aus der einzigen sicher in diese Zwischenzeit gehörigen Inschrift C. I. G. 2476 i (Rangabé 2224)

⊕ΕΟ⊕ΕΜΙΟΣ

entnommen werden kann. Die Gestalt des Theta zeigt, dafs die Inschrift ziemlich alt sein mufs, Ι gegen Σ, Μ gegen Ｍ, Σ gegen Μ der ältesten Inschriften gehalten den für eine spätere Zeit vorauszusetzenden Fortschritt im Gebrauche und der Gestaltung der Zeichen; allein gerade die charakteristischen Buchstaben, welche über den Umfang und die Besonderheiten dieser jüngeren Gestaltung des Alphabets Aufschlufs geben könnten und allein zu geben im Stande wären, fehlen. Diese empfindliche Lücke wird indessen einigermafsen ausgeglichen durch unsere genauere Kenntnifs der Entwickelungsgeschichte des Alphabets auf dem benachbarten und stammverwandten Melos, zumal da dessen älteste uns bekannte Gestalt mit der des ältesten theraeischen nahezu identisch ist und die Annahme einer mehr als zufälligen Beziehung beider zu einander gar nicht zu umgehen ist.

15. Die Entwickelungsgeschichte des melischen Alphabets ist von Rofs *Inscr. inedd.* III p. 1 seqq. in so klarer und befriedigender Weise gezeichnet worden, dafs ich im Wesentlichen nur das von ihm Gesagte zu wiederholen und etwa mit Hülfe des nach ihm bekannt gewordenen Materials hin und wieder zu ergänzen haben werde. Er setzt mit Recht vier Stadien der Entwickelung als in den Inschriften erkennbar an.

Das älteste uns erreichbare Stadium ist vertreten durch die aus zwei rechtsläufigen Zeilen bestehende metrische Dedikationsinschrift des bekannten Säulenschaftes der Sammlung Nani (C. I. G. 3), der aus Melos stammt. Ihr Alphabet findet sich auf der Tafel in Columne IX, 1 zusammengestellt. Die zufällig nicht vorkommenden Zeichen Beta, Zeta, Theta und Koppa dürfen unbedenklich als vorhanden vorausgesetzt werden; weniger sicher ist dies in Bezug auf das gleichfalls fehlende Vau, mit dem es ähnlich stehen dürfte, wie im Alphabete der theraeischen Inschriften, mit dem das vorliegende als identisch betrachtet werden kann. Denn nicht nur finden sich hier gleichfalls die älteren Formen $\mathcal{M}$, L, M für M, I, S oder E verwendet, was an sich noch nichts beweisen würde, sondern es fehlen auch wie dort von den nichtphoenikischen Zeichen das φ, welches durch πh, das χ, welches durch $\varkappa h$, und das ξ, welches durch $\varkappa\tau$ gegeben wird, ohne Zweifel also auch das ψ (obwohl der Mangel desselben sich zufällig nicht belegen läfst), wofür, wie im theraeischen Alphabete, $\pi\tau$ wird geschrieben worden sein. Das H erscheint auf dem Denkmale zufällig nur in den Verbindungen KH und $\mathsf{\Gamma H}$ und bezeichnet in diesen den Hauch; ein langes *e* kommt daneben nicht vor und es steht darum durchaus nichts der Vermuthung entgegen, dafs, wie im theraeischen Alphabete, H aufser zur Bezeichnung des rauhen Hauches bereits auch als Ausdruck für langes *e* sei verwendet worden. Für *o* und ω erscheint O und daneben kein Θ; dafs aufserdem, vornehmlich in den Endungen, auch ov damit ausgedrückt wurde, ist vorauszusetzen, obwohl in TOYT der Diphthong mit OV geschrieben erscheint; denn diese Schreibung gerade dieses Wortes kann als die Regel auch für die Zeiten betrachtet werden, in denen man, nicht in den Endungen allein, sondern auch im Stamme, ov durch O auszudrücken pflegte, wie dies die Schreibweise der attischen Inschriften deutlich beweist. Abgesehen von dieser ganz unerheblichen Abweichung beschränkt sich die wahrnehmbare Verschiedenheit beider Alphabete auf die beiden Thatsachen, dafs das melische für M die alterthümlichere

Form ᴎ, für ᄇ dagegen die entschieden jüngere geöffnete Gestalt
des Zeichens, H, verwendet. Jenes ᴎ reicht, wie sich zeigen wird,
noch in die zweite jüngere Periode dieses Alphabets hinüber und
scheint eine für die Bestimmung des relativen Alters bedeutungslose
Besonderheit gerade des melischen Alphabets; bedeutsamer ist das
Auftreten des H, aus dem ich schliefsen möchte, dafs das vorliegende Denkmal einer späteren Periode angehört, als die theraeischen Inschriften. Zu dieser Annahme stimmt, wenn auch zugegeben werden mufs, dafs sie an sich nichts beweist, die ausgeprägt
und entschieden rechtsläufige Richtung der Schrift, in der nur im
links gewendeten ᆨ sich eine Spur des ursprünglicheren und älteren Gebrauches erhalten hat.

Für die folgenden drei Klassen hat sich das Material, welches,
eine einzige Ausnahme abgerechnet, durchaus aus Grabschriften besteht, seit Rofs einigermafsen vermehrt; da es überdem sehr zerstreut ist, so erscheint es der Übersichtlichkeit wegen angemessen,
das, was augenblicklich an Denkmälern dieser drei Klassen vorliegt, und zwar gleich nach den letzteren geordnet, zunächst zusam-
menzustellen.

Zweite Periode.

1.	2.	3.
Rofs *Inscr. inedd.* III.	Rofs ib.	Rofs ib.
n. 226.	n. 227.	n. 228.

4. Rangabé 2229.	5. Rangabé 2230.	6. Rangabé 2236.
ΘEC	C<U	O I C
NOΛA	CΛA	M K C
TIℳ	ΛYK	RᵛΘC
D	CΦR	
	CNC M	

7. Philologus IX. S. 393 *)	8. C. I. G. 2434 **).
APIMT CKPIT AAPX	ΔAℳCKPEON ANEΘHKE

Dritte Periode.

1. Rofs n. 229.	2. Rofs n. 230.	3. Rofs n. 231 ***).
MEΛ	EιЬF	APIƐ
IIΓΓ	ΓETA	TOM
CƐE	ƐAΛE	HΔHƐ
YXE	ΞIΓC	ΦIΛE
ΛA	.ICƐ	O𝈸CƐ

*) Ich benutze ein Baumeistersches Ms., welches sich bei der Sammlung zu den Supplementen des C. I. G. findet.

**) Die angenommene Gestalt des My ergiebt sich nach einer richtigen Bemerkung von Rofs aus den Varianten der benutzten Abschriften, ℳ und MI.

***) O in der zweiten Zeile für C scheint Versehen des Abschreibers

4. Rangabé 2227.	5. Rangabé 2234.
M E Λ E K K A T O I Δ E I Λ C	M C I K A Λ C R Λ < K

Aus der zweiten oder dritten Periode.

1. Rofs n. 233. Rang. 2235 *).	2. Rangabé 2231.	3. Rangabé 2233.	4. Philologus IX. S. 393.
E Γ I Λ C Γ C Y C Λ Y K C	Φ Á I / O N \ O M / Λ E	Γ C Γ A N Y K P A T E C	Φ Y Λ E C T I D Λ I

Vierte Periode.

1. Rofs n. 232.	2. Rangabé 2228 **).	3. Rangabé 2232.	4. C. I. G. 2436 b.
. Ω Ξ I K . A T H Ξ . A Y B Ω Λ I Δ A	Γ A Y Ξ I K Λ Θ Ξ A Y T O Φ P Á	A Λ Δ P O Γ E I Θ H Ξ K Y Δ I M O	A K O Y Ξ A Γ O R A Ξ Ξ T R O M B I O Ξ

---

*) Die von Rangabé benutzte Abschrift ist in einigen Punkten genauer, als die Rossische, wefshalb ich ihr gefolgt bin. Z. 2 hat Rofs statt Y das Zeichen Ψ. Es wird T zu lesen sein.

**) Θ für H in der zweiten Zeile scheint lediglich Versehen des Abschreibers.

Hiernach sind die Alphabete in Columne IX, 2 u. 3 zusammengestellt. Die Richtung der Schrift ist, wie man sieht, auf allen diesen Denkmälern gleichfalls ohne Ausnahme rechtsläufig. Dagegen unterscheiden sich ihre Alphabete von dem der ältesten Periode, abgesehen von dem A gegen A und E gegen Ε, durch die Annahme der ungebrochenen Linie Ι zur Bezeichnung des Iota *) an Stelle des gebrochenen Ϧ und die Einführung der nichtphoenikischen Zeichen φ, χ, ξ, ψ, so wie dadurch, dafs sie das lange o in der Schrift von dem kurzen oder diphthongischen unterscheiden und durch ein besonderes Zeichen vertreten werden lassen. Zwar ist das Vorhandensein eines ψ zufällig für keines der drei Stadien zu belegen, allein für die vierte Periode, in der das ionische Ω erscheint, so gut wie das des φ und χ, die hier zufällig auch nicht begegnen, selbstverständlich und für die beiden anderen unbedenklich vorauszusetzen. Dasselbe gilt von dem ξ, welches sicherlich ebenso zufällig nur in der dritten vorkommt. Untereinander unterscheiden sich diese Alphabete wieder dadurch, dafs das älteste von ihnen das rückwärts gewendete Gamma, Ͱ, und die aus dem ersten bekannten älteren Formen für My und den Zischlaut, Ϻ und M, noch beibehält, während die beiden anderen die jüngeren M und Σ verwenden, so wie dadurch, dafs das erste und zweite im Gegensatz zum dritten in eigenthümlicher Weise das kurze o durch C, offenbar eine blofse Differenzirung aus O, bezeichnen, letzteres dagegen zum Ausdruck von ω verwenden, während das dritte nach Aufnahme des ionischen Ω für ω dem O die Bedeutung o, ου wiedergegeben hat. Vom Gebrauche des Digamma oder des Koppa zeigen sich keine Spuren, obwohl dies in Bezug auf das letztere zufällig sein mag. Das Zeichen Ϙ, welches auf I, 2 begegnet und welches Rofs als Koppa deuten wollte, scheint verlesen, da die dafür von ihm geltend gemachte Analogie jedenfalls hinfällig ist **).

Hiernach ist das relative Alter der Inschriften mit Sicherheit zu bestimmen und auch von Rofs richtig bestimmt worden. Schwieriger ist es eine absolute Zeitbestimmung für alle oder auch nur

---

*) Mit Ausnahme der in dieser Hinsicht ganz allein stehenden Inschrift III, 1, welche in der Abschrift wenigstens ξ hat.

**) Vgl. Mommsen Unteritalische Dialekte S. 9. [Rofs hatte doch richtig gelesen; das Zeichen kehrt genau in dieser Gestalt auf einer noch nicht publicirten Grabschrift wieder, deren Mittheilung ich Hrn. Koehler verdanke, ist aber danach auch kein Koppa, sondern wahrscheinlich ein Beta.]

4*

einige zu gewinnen. Bekanntlich wurde Melos Ol. 91, 1 nach Ver-
nichtung oder Vertreibung der dorischen Bevölkerung durch attische
Kleruchen besetzt und blieb in deren Besitz bis zum Ende des peloponnesischen Krieges, wo sie den Überresten der alten Bevölkerung, welche Lysandros restituirte, wieder weichen mufsten *). Inschriften von Melos in dorischem Dialekte und archaischem Alphabete,
d. h. Inschriften der 1.-3 Klasse, gehören folglich der Zeit vor Ol.
91, 1 an, solche dagegen, welche zwar dorischen Dialekt aufweisen,
aber in ionischem Alphabete geschrieben sind, d. h. Inschriften der
vierten Klasse, würde man hiernach geneigt sein in die Zeit nach
dem Ende des peloponnesichen Krieges zu setzeu. Dies trifft auch
zu in Bezug auf n. 4, welche Inschrift ich nur der Vergleichung
wegen hergesetzt habe, und von der angegeben wird, dafs sie in
Schriftzügen geschrieben sei, die dem vierten Jahrhundert vor unserer Zeitrechnung angehören. Dagegen ist Rofs geneigt, n. 1, und
sicher auch 2 und 3, die er nicht gekannt hat, als er jene Anmerkungen niederschrieb, noch vor Ol. 91, 1 zu setzen und zwar wegen der horizontalen Linien, mit welchen die Zeilen eingefafst sind,
und welche allerdings sonst nur auf älteren Denkmälern zu erscheinen pflegen. Es ist möglich, dafs er darin Recht hat; in der dritten Periode hatte sich das Alphabet bereits dem ionischen so weit
genähert, dafs es nur noch der Einführung des Ω bedurfte, um mit
demselben völlig zusammenzufallen; es ist daher nicht abzusehen,
warum dieser letzte Schritt nicht schon vor Ol. 91, 1 hätte gethan
werden können. Nach der andern Seite darf die Sache aber auch
nicht durch jene Bemerkung als erwiesen betrachtet werden. Denn
jene Linien sind wohl überhaupt nicht, jedenfalls nicht allein ein
Zubehör der Schrift, sondern wenigstens zugleich auch ein Mittel,
die im Übrigen kunstlos gearbeiteten Stelen mit einer Art von einfachem Schmuck zu versehen. Die Denkmäler beweisen, dafs dieses Mittel auf Melos ein althergebrachtes und regelmäfsig angewen-
detes war, und es ist gar wohl möglich, dafs die in ihre Heimath
zurückgekehrten Melier noch nach dem Ende des peloponnesischen
Krieges einige Zeit hindurch fortgefahren haben, ihre ¡Grabstelen
in der vor Ol. 91, 1 üblichen und althergebrachten Weise auszu-
statten. Einen etwas bessern Anhalt gewähren die Legenden der
älteren Münzen von Melos. Die ältesten derselben, ihrem Stile
wie der noch incusen Prägung nach auf keinen Fall später als

---

*) Xenophon Hell. Gesch. II, 3. 9. Plutarch. Lysandros 14.

etwa Ol. 80 zu setzen, zeigen die Aufschriften I∧∧M, VM I∧ oder M∧ und gehören nach der Form des M zu schliefsen der dritten oder vierten Periode der Entwikelueg des melischen Alphabets an. Wie man nun auch die oben berührte Frage über die Zeit des Eintrittes der vierten Periode entscheiden mag, so folgt doch aus dieser Thatsache so viel wenigstens mit Sicherheit, dafs die Inschriften der ersten und zweiten Periode, welche noch ∧/∨ haben, erheblich älter sind, als die 80. Olympiade, da schon Legenden mit dem jüngeren M über diesen Zeitpunkt hinaufgehen. Es gehören also jene ältesten Inschriften unzweifelhaft dem sechsten Jahrhundert vor unserer Zeitrechnung an. Weiter, als bis in die erste Hälfte desselben, wird man nämlich selbst nicht die Inschrift des Säulenschaftes hinaufrücken wollen, deren Alphabet, wie oben bemerkt wurde, den Charakter einer etwas jüngeren Zeit, als die der alten theraeischen Grabschriften, trägt und darum frühstens dem bezeichneten Zeitraume zugewiesen werden kann. Sie älter zu machen liegt kein Grund vor und hat auch nicht die geringste Wahrscheinlichkeit für sich. Gehören aber diese Inschriften in das sechste Jahrhundert, so ist es auch gewifs, dafs die Aufnahme der Zeichen φ, χ, ξ und ψ, welche in dieser Zeit erfolgte, aus dem Einflusse und der Einwirkung des ionischen Alphabets herzuleiten ist, das diese Zeichen längst kannte und das Muster gewesen sein mufs, welchem in Melos das alte Alphabet sich anbequemte. Zugleich ist klar, dafs die Reception dieser Zeichen aus dem ionischen Alphabete erfolgt sein mufs zu einer Zeit, wo letzteres noch kein Ω besafs, also einige Zeit vor Ol. 60, weil man sonst auf Melos nicht nöthig gehabt hätte für das lange o durch Differenzirung des O ein besonderes Zeichen eigens zn erfinden, sondern einfach das ionische Ω so gut wie die anderen Buchstaben herübergenommen haben würde. Als dann später bei den Ionern das Ω neben dem O aufkam, war keine Veranlassung vorhanden, sich dasselbe sofort anzueignen, da man mittlerweile sich in dem C ein Zeichen für den Laut selbständig geschaffen hatte, und es ist unter diesen Umständen sehr wohl möglich, dafs die vollständige Ausgleichung mit dem ionischen Alphabete durch Aufnahme des Ω und Verwendung des O als Ausdruck für o, ov erst in sehr viel späterer Zeit, nach dem Ende des peloponnesischen Krieges, sich vollzogen hat. Ich setze demnach die Inschriften der ersten und zweiten

Klasse in resp. die erste und zweite Hälfte des sechsten Jahrhunderts, die der dritten in die Zeit zwischen den Perserkriegen und Ol. 91, 1 und bin geneigt, die der vierten für jünger, wenn auch vielleicht nicht sehr viel jünger, als das Ende des peloponnesischen Krieges zu halten.

16. Ich schliefse hieran unmittelbar die Besprechung der einzigen mir bekannten archaischen Inschrift von dem gleichfalls dorischen Kreta, weil sie, obwohl ihre Zugehörigkeit sich nicht sicher feststellen läfst, doch in einem Punkte wenigstens Verwandtschaft mit dem melischen Alphabete zu verrathen scheint und weil sie sich bei der lückenhaften Beschaffenheit des Materials nirgends sonst passend oder passender unterbringen läfst, als gerade an dieser Stelle. Sie ist in der Nähe des heutigen Eremopolis an der Ostküste der Insel von Cpt. Spratt gefunden und von Ch. Babingtou unter den *Inscriptiones Sprattianae* (*Cambridge Journal of Classical and Sacred Philology. March*, 1855) unter n. VI S. 12 herausgegeben worden. Links fehlt nichts, dagegen auf der rechten Seite zu Anfang einige Buchstaben, da der Stein hier abgebrochen ist.

ƎᛗƎⰍA ꟼƎᛘOᛗ...

Darunter die Figur eines Fisches. Der Herausgeber liest richtig .... μων ἐγραψέ με. Der Charakter der Schrift wie die linksläufige Richtung derselben beweisen das verhältnifsmäfsig hohe Alterthum des Denkmals. Hierzu kommen die völlig gleichartigen sehr alten Aufschriften der Münzen von Lyttos mit ᒋVᔢᔢSOᛙ oder ∧VᔢᔢSOᛙ und der von Gortyn bei Leake (*Numismata Hellenica. Ins.* p. 18) mit AᛗⰍAꓷOᔢ MO.ᛙVᔢꟼOᑕ. Die Form des Iota, so wie der Gebrauch des ᛙ zur Bezeichnung des Zischlautes, vor Allem aber das ᛙᛙ beweisen die nahe Verwandtschaft dieses Alphabets (Col. X) zu dem von Melos; doch weist das Vorkommen des Ⰽ auf einen vorgeschrittneren Stand der Entwickelung hin, auf dem auch das X nicht gefehlt haben kann, während es dahingestellt bleiben mufs, wie die Laute ξ und ψ um diese Zeit ausgedrückt worden sind. Ich bezweifele nicht im mindesten, dafs die Gestalt des Chi X oder + gewesen ist, würde mich aber auch nicht wundern, wenn künftige Entdeckungen daneben auch ein Ξ oder gar ein ⋁ (ψi) zu Tage fördern sollten. Dafs das Vau nicht nur in der Reihe seinen Platz hatte, sondern auch in der Schrift wirkliche Verwendung fand, beweist trotz des Mangels an gleichzeitigen Belegen doch zur Genüge der Umstand, dafs auch nach der Reception

des ionischen Alphabets der Schriftgebrauch des Zeichens (F oder
C) nicht entrathen konnte, wofür z. B. die Aufschriften der Münzen
von Axos als Beleg dienen können. Eine eigenthümliche Specia-
lität ist das Zeichen C im letzten, mir übrigens nicht verständlichen,
Theile der Aufschrift der Gortyner Münze. Es kann unmöglich ein
Sigma sein, wie Leake annimmt, schon darum nicht, weil dasselbe
unmittelbar daneben in der Gestalt M auftritt. Vielmehr scheint die
Aufschrift einiger Münzen von Phaestos (auf dem Exemplar der
Berliner Sammlung, welches Pinder S. 55 beschreibt, ist der erste
Buchstabe nicht ganz deutlich; deutlicher tritt er auf einer Mion-
netschen Schwefelpaste hervor, welche ich vergleichen konnte)
ΜΟϞΙΤΜΙΑꓚ zu beweisen, dass darin eine besondere aus Verein-
fachung des vollständigen Ⓓ, [vielmehr des Γ; vgl. die Nachträge]
das ja auf anderen Münzen derselben Stadt wie auf der zu Anfang
erwähnten Steinschrift sich findet, hervorgegangene Form dieses
Buchstaben zu suchen ist.

Das Ι der zuletzt angeführten Aufschrift, statt Ϛ der älteren
zuerst genannten, weist trotz des noch beibehaltenen M auf ein
etwas späteres Stadium der Entwickelung des Alphabets hin. Dasselbe ist ausserdem vertreten durch die Legende von Phaestos:

ΜΟΙΤΜΙΑΦ, von Rhaukos: VAϞ KIOΝ und von Lyttos: ΜΟΙΤΤVΛ.

Noch später weicht auch hier, wie überall, das M dem Ϛ. Eine
chronologische Bestimmung von unbedingter Zuverlässigkeit läfst
sich der Lage der Sachen nach natürlich nicht geben; will man
aber nicht annehmen, dafs die Entwickelung des Alphabets auf der
Insel eine völlig isolirte gewesen sei, so wird man sich dazu verstehen müssen, die ältesten der vorgeführten Denkmäler bis nahe
an die 50. Olympiade heraufzurücken.

17. Ich komme zu den Inseln mit ionisch redender Bevölkerung und bespreche zunächst das Alphabet von Paros, von dem
meiner Meinung nach in der Inschrift C. I. G. 24 eine Probe vorliegt. Der Säulenstumpf, in dessen Cannelirungen die dreizeilige
metrische Inschrift sich findet, wurde um das Jahr 1738 von einem
griechischen Schiffe nach Ancona gebracht und gelangte von dort
später in die Sammlung des Annibale Olivieri zu Pesaro. Paciaudi, der nach einer ihm von Olivieri mitgetheilten Zeichnung das
Denkmal zuerst publicirte, giebt an, es stamme 'ex Peloponneso aut
finitimis certe locis' (Monumenta Peloponnesia I. p. 77); eine Aus-

drucksweise, welche beweist, dafs sichere und zuverlässige Angaben
über Herkunft und Fundort des Denkmales ihm nicht vorlagen.
Unter diesen Umständen ist eine Bestimmung der Zugehörigkeit
desselben aus inneren Gründen die einzige, welche zulässig erscheint
und der gegenüber, wenn sie gelingen sollte, die vagen Angaben
einer unverbürgten Tradition nicht in Betracht kommen dürfen.

Der Dialekt der Inschrift ist entschieden kein dorischer, wie
das in dem zweiten Verse begegnende μήτηρ hinlänglich beweist.
Demnach darf das ΤΩΓΑ⊳ΙΩ des dritten Verses nicht als τῷ
Παρίῳ gelesen werden und man könnte sich versucht fühlen unter
Voraussetzung einiger Ungenauigkeit der Copie ΤΟΓΑ⊳ΙΟ zu
corrigiren. Dagegen spricht aber entschieden der Umstand, dafs in
σοί (Z. 1) und ποίημα (Z. 3) das o, und in dem Genetiv Ἀσφαλίου
(Z. 2, von Ἀσφάλιος, nicht Ἀσφαλίης) der Diphthong ου gleichfalls
mit Ω geschrieben erscheinen und auch in diesen Fällen ein Versehen des Abschreibers anzunehmen wenig Wahrscheinlichkeit für
sich hat. Völlig entscheidend aber für die Genauigkeit der Copie ist
das Zeugnifs einer archaischen Felseninschrift von Siphnos, welche C. I. G. 2423c und genauer von Rofs (*Inscr. inedd.* III. p. 5;
vgl. auch Lebas Tf. VI, 14) herausgegeben worden ist:

Ν ΥΦΕΟ Ν
ΗΙΕΡΩ Ν *)

d. h. offenbar Νυ(μ)φίων ἱερόν. Hier bezeichnet deutlich das Θ (oder
Θ) den langen, das Ω dagegen den kurzen Vokal, und würde letzteres der Analogie nach unzweifelhaft auch den Diphthong vertreten,
wie in dem ionischen Alphabete das O. Es steht durch dieses
Zeugnifs fest, das das Bedürfnifs das kurze und das lange o in der
Schrift durch besondere Zeichen zu unterscheiden im Bereiche gewisser Inseln des aegaeischen Meeres schon sehr früh zu einer Differenzirung des O Veranlassung gegeben hat, welche eben so, wie die
verwandte, im jüngeren Alphabete von Melos begegnende, in sofern
wenigstens als unabhängig von der der Form nach identischen des
kleinasiatischen Alphabets zu gelten hat, als die Bedeutung der durch
sie gewonnenen Zeichen in völlig abweichender Weise bestimmt erscheint. Hiernach sind unzweifelhaft auch auf unserem Denkmal
alle Ω als o oder ου, die O dagegen als ω zu nehmen und ist nur,
wie schon Rofs bemerkt hat, ΤΟΔΕ der ersten Zeile in ΤΩΔΕ zu

---

*) In der ersten Zeile haben das C. I. und Lebas O statt Θ.

ändern. Besonders wichtig nun wird diese Übereinstimmung in einer ganz specifischen Eigenheit dadurch, daß sie verstattet das Denkmal unabhängig von jeder vagen Überlieferung einem bestimmten Lokale zuzuweisen. Es stammt jedenfalls von einer der Inseln des aegaeischen Meeres, und da im dritten Verse der Inschrift sich ein Parier als Verfertiger des ἄγαλμα nennt, welchem als Träger zu dienen die Säule bestimmt gewesen zu sein scheint, so wird man es nicht allzu kühn finden, wenn ich das Denkmal geradezu nach Paros setze. Eine Untersuchung des Materials, aus dem die Säule gefertigt ist, wird, wie ich nicht zweifle, diese Annahme lediglich bestätigen *).

Die Identität des Alphabets, das ich sonach für Paros in Anspruch nehme, mit dem von Siphnos ist bei der unmöglich zufälligen Übereinstimmung beider im Gebrauche des O und Ω nicht zu bezweifeln, obwohl sich bei dem geringen Umfange der allein zur Vergleichung stehenden Denkmäler eine entscheidende Probe nicht anstellen läfst. Abweichungen in den Formen einzelner Buchstaben, z. B. V und Y, ▷ oder P und R, kommen nirgends und so auch

---

*) Eine unvorhergesehene und unerwartete Bestätigung hat die obige Aufstellung geraume Zeit, nachdem sie niedergeschrieben war, von einer andern Seite durch das Bekanntwerden einer sehr alten Bustrophedoninschrift von Paros selbst erhalten, welche so eben in den *Annali dell' inst. arch.* 1862 S. 53 publicirt worden ist:

$$A\Gamma O N I E \Sigma E$$
$$\Omega \triangleleft \circlearrowright \exists I A \lambda A \Delta$$
$$\mathsf{P}\Omega \mathsf{V} T \Omega T H \mathsf{S} E O$$
$$\exists \mathsf{1} A I \lambda I \Omega \exists \mathsf{1} \; \mathsf{V}$$
5   $I \exists \circlearrowright \Pi \Omega I I I \mathsf{S} F N$

Sie befindet sich zu Paroikia auf Paros in der Mauer einer Kirche τῶν ἁγίων Ἀναργύρων. Leider ist die mitgetheilte Abschrift offenbar sehr ungenau, das Ganze auch vermutblich nicht vollständig erhalten, weswegen eine zusammenhängende Lesung vorerst ganz unmöglich ist. Indessen erkennt man unschwer Z. 4: οἰκία und Z. 5: [ἰ]ποί[η]σ[ε]ν, in welchen Worten beide Male das Ω zur Bezeichnung des kurzen Vokales dient. Ich begnüge mich hierauf hinzuweisen und behalte eine eingehendere Besprechung der Zeit vor, wo wir uns in dem Besitze einer zuverlässigeren Abschrift befinden werden, was hoffentlich nicht allzulange dauern wird. [Eine genauere Abschrift ist von Hrn. Lenormant in den *Comptes rendus de l'Académie des Inscriptions et Belles-Lettres* mitgetheilt worden. Die Ergebnisse derselben habe ich auf der Tafel an den betreffenden Stellen nachgetragen.]

hier nicht in Betracht, und dafs das (auf beiden Denkmälern übrigens übereinstimmend bereits geöffnete) H auf der Inschrift von Paros wiederholt das lange *e* bezeichnet, auf der von Siphnos dagegen an der einzigen Stelle, an der es vorkommt, noch den rauhen Hauch vertritt, beruht lediglich auf einem Schwanken des Gebrauches, den wir auch in dem weiter unten zu besprechenden archaischen Alphabete von Naxos antreffen werden; es ist wohl zu beachten, dafs auf der parischen sich keine Gelegenheit bot, das H als Hauchzeichen, auf der von Siphnos keine, dasselbe als Vokalzeichen zu verwenden. Von den nicht phoenikischen Buchstaben erscheint aufser dem V nur das ℗; das Zeichen des χ ist leider auf der parischen Inschrift an den beiden Stellen, an der es meiner Ansicht nach ursprünglich gestanden hat oder vielleicht noch steht, heillos verstümmelt; doch ist gar nicht zu bezweifeln, dafs seine Gestalt X oder ✛ gewesen sei. Für ξ und ψ kommen Ausdrücke nicht vor; es mufs daher dahingestellt bleiben, ob das Alphabet diese Laute in der Weise der Kleinasiaten durch Ξ und Ψ bezeichnete, oder wie das Alphabet des benachbarten Naxos mit Verschmähung dieser Zeichen an den älteren Ausdrücken χσ und φσ festhielt. Von dem Theta ist auf der parischen Inschrift an der Stelle, wo es sicher gestanden hat (Z. 2), nur ein Stück des oberen Bogens erhalten, so dafs es zweifelhaft bleibt, ob wir ⊙ oder ⊗ anzunehmen haben; sollte indessen, wie ich vermuthe, das ℗ derselben Zeile gleichfalls ein Theta gewesen sein, so würde dies für die Formen ⊕ oder ⊗ entscheiden. Die Figuren des Gamma und des Lambda scheinen einander sehr ähnlich gewesen zu sein; die Copie der Säuleninschrift giebt für ersteres Λ und Λ (das Γ Z. 3 halte ich für verdorben) für letzteres Λ und einmal arg verschrieben Ɛ (vgl. Col. XI).

Was das Zeitalter dieser Inschriften anbelangt, so scheint mir der Charakter der Schrift, dem die allerdings entschieden rechtsläufige Richtung derselben nicht widerspricht, es nicht zu verstatten, sie weit unter den Anfang des fünften Jahrhunderts herabzurücken, und schon aus diesem Grunde erscheint mir die Annahme Boeckhs bedenklich, nach der die Inschrift des Säulenstumpfes um Ol. 84 gesetzt wird. Sie gründet sich lediglich auf die Ergänzung des dritten Verses, welcher in dem Stiche bei Paciaudi folgendermafsen aussieht:

TΩΓΑ⊳ΙΩΓΩΙΗ ΜΑΚ//////////Ι ΔΕΟΕΥΓΩΛ \|

Die Lücke in der Mitte fafst etwa sechs Buchstaben, vorausgesetzt, dafs die Abbildung in dieser Beziehung als völlig genau zu betrachten ist. Diese Reste nun ergänzt Boeckh zu dem Hexameter τῶ (τοῦ) Παρίω (Παρίου) ποίημα Κ[ολ.ώτεω, οὖ ν]άι [φ]εύγων, und versteht unter Kolotes den gleichnamigen Künstler von Paros, den Zeitgenossen und Mitarbeiter des Pheidias zu Olympia, welcher unser Anathem in der Verbannung, etwa in Elis, gefertigt hätte; wonach das Denkmal allerdings der angegebenen Zeit würde zugewiesen werden müssen. Wie man sieht, beruht aber der Name, auf den allein die Zeitbestimmung gegründet ist, mit Ausnahme des Anfangsbuchstaben auf einer blofsen Ergänzung, deren Möglichkeit sich zwar nicht bestreiten, deren Nothwendigkeit oder auch nur Wahrscheinlichkeit sich aber nicht erweisen läfst. Für die Richtigkeit der Fassung des Ganzen erregt kein günstiges Vorurtheil der Schlufs, von dem man nicht sagen kann, dafs er den Sinn, welchen Boeckh darin findet, in einer angemessenen und ungezwungenen Weise ausdrücke. Um ihn herauszubringen ist das überlieferte I unmittelbar hinter der Lücke als Rest eines N gefafst, O in Ω geändert, Γ als Gamma genommen, während dieser Buchstabe doch in den beiden ersten Zeilen wiederholt in der erheblich abweichenden Gestalt Λ erscheint, Ω durch ω wiedergegeben, obwohl es, wie nach der oben gegebenen Darlegung nicht zweifelhaft sein kann, auf dieser Inschrift nur entweder o oder ου bedeuten kann, endlich die Reste Λ\ am Schlufs als N gedeutet, während sie vielmehr, wenn überhaupt auf die vorliegende Copie ein Verlafs ist, auf M zu führen scheinen. Aufserdem zeigt zwar der Nachstich im C. I. G. in der zweiten Stelle nach der Lücke ein A, welches freilich nur als Alpha genommen werden konnte, der Originalstich aber deutlich ein Λ, welches viel eher ein Delta ist. Hiernach ist die Basis der bisherigen Ergänzung und Lesung so schwankend, dafs es nicht verübelt werden kann, wenn wir uns nach einer anderen umsehen. Ich glaube im Recht zu sein, wenn ich die Buchstaben IΔEO hinter der Lücke, welche nach dem feststehenden Schriftgebrauche des Denkmals ιδιω zu lesen sind, den Genetiv eines Eigennamen auf -ιόης oder -ειδης erkenne, als dessen Anfangsbuchstabe das K vor der Lücke zu betrachten wäre; nimmt man hinzu, dafs in der unmittelbaren Nähe des schliefsenden Λ\, welches ich als M deuten zu dürfen glaube, der Schaft rechts hin absägt oder abgebrochen ist, und das Γ, wie bemerkt, höchst wahrscheinlich verlesen ist, so wird man folgender Ergänzung der Zeile denjenigen

Grad von Wahrscheinlichkeit nicht abstreiten können, der überhaupt auf der Grundlage der allein zugänglichen, in Bezug auf ihre Zuverlässigkeit allerdings noch zu prüfenden Überlieferung zu erreichen ist:

Τοῦ Παρίου [π]οίημα Κ[λιππ]ίδεω εὐ[χ]ομ[αι εἴναι].

Auch die Lesart der beiden ersten Zeilen halte ich für noch keinesweges festgestellt; da ich indessen hoffen kann, in nächster Zeit in den Besitz eines Abklatsches des vermuthlich in Pesaro noch vorhandenen Originales zu kommen, so halte ich es für geboten, mit Vermuthungen zurückzuhalten, welche doch auf Gewifsheit keinen Anspruch erheben könnten; ich bin auch auf die Lesung der dritten Zeile nur um deswegen näher eingegangen, um den Nachweis zu liefern, dafs die Basis der bisher nicht angefochtenen Zeitbestimmung des Denkmals eine völlig unsichere ist.

18. Eine bereits im siebenten Jahrhundert deducirte Colonie von Paros ist **Thasos**, wo man im Allgemeinen dasselbe Alphabet vorauszusetzen berechtigt ist. Die Aufschrift der älteren Münzen der Insel (ΘΑΣΙΟΝ), welche vor die Mitte des fünften Jahrhunderts gehören, und die archaischen Inschriften auf zwei Steinblöcken der alten Stadtmauer, welche Conze (Reise auf den Inseln des Thrakischen Meeres 1860. S. 12 Tf. IV, 14 und 15) herausgegeben hat:

a.　　　　　b.

ᘔFRΛΛ　　ΠFϷΜΕΝΟϒΜΕΕ

d. h. [Π]αρμ(ίνων) Παρμίνων με ἐ[ποίησε], wiedersprechen dem nicht, geben aber auch keine neuen Aufschlüsse, aufser dafs sie lehren, dafs ω zu dieser Zeit noch durch Ο ausgedrückt wurde *). Dasselbe gilt von den alten Münzlegenden dieses Littorals, von Akanthos (Colonie von Andros) mit ΑΚΑΝΘΙΟΝ im eingeschlagenen Quadrat, und Mende (ΜΙΝΔΑΟΝ). Auf welche Einflüsse endlich der Gebrauch eines griechischen Alphabets, dessen Zusammenhang mit dem grofsen östlichen Hauptstamme unverkennbar ist, auf den makedonischen Stadtmünzen mit ᴧΟΙΑΤƎ˥ und ΗΩΙ⋊ℨΗЯΩ

---

*) [Das Alphabet von Thasos ist uns in der letzten Zeit durch die Aufschriften der dort gefundenen, jetzt in Paris befindlichen, alterthümlichen Votivreliefs bekannter geworden, welche in der *Revue archéologique* 1865 pl. XXIV. XXV. (p. 438 ff.) herausgegeben worden sind, und auf der Tafel I unter XI*b* nachgetragen worden. Es stimmt im Gebrauche des Ο und Ω und sonst völlig mit dem von Paros, namentlich in der eigenthümlichen Gestalt des Beta, C.]

oder OPΡHϟΚΙΟΝ und den Königsmünzen aus der Zeit der Perserkriege mit ΑΛΕΞΑΝΔΡΟ im eingeschlagenen Quadrate zurückzuführen ist, muſs ich bei dem Mangel genügender Anhaltspunkte für die Beantwortung dieser Frage dahingestellt sein lassen. Ich kehre vielmehr nach dieser Abschweifung zur Betrachtung der Inselalphabete zurück und schlieſse dieselbe mit Besprechung des Naxischen.

19. Das ältere Alphabet von Naxos ist uns aus zwei Inschriften bekannt, welche sich gegenseitig ergänzen und eine ziemlich vollständige Einsicht in die Beschaffenheit desselben gewähren. Die erste findet sich auf dem Bruchstücke der Basis des Apollokolosses, welchen die Naxier auf Delos geweiht hatten, wie die auf der einen Seite derselben angebrachte Inschrift aus späterer Zeit: ΝΑΞΙΟΙΑΓΟΛΛΩΝΙ beweist, welche, wahrscheinlich weil sie die verständlichere oder zugänglichere ist, von Vielen *) bemerkt und abgeschrieben worden ist und von der man vermuthet, daſs sie nach dem von Plutarchos (Nikias 3) berichteten Umsturze des Kolosses bei seiner Wiederaufrichtung nachträglich möge angebracht worden sein. Von der viel älteren, auf der entgegengesetzten Seite der Basis befindlichen Inschrift spricht zuerst Spon, ohne indessen eine Abschrift zu geben. Eine solche erhielt man erst durch Tournefort, dessen Facsimile im C. I. G. 10 wiederholt worden ist. Dieses Facsimile ist zwar im Ganzen zuverlässig, aber offenbar von einer Zeichnung genommen, die mit einer sehr breitspaltigen Feder ausgeführt war, und giebt daher den Charakter der Schriftzüge nicht ganz treu wieder. Diesen lernt man viel besser aus der Stuartschen Abschrift kennen (*Antiquities of Athens* III. p. 57), deren Darstellung durch den Stich bei Lebas Tf. VI, 13 (auf dem nur die vier letzten Buchstaben fehlen, an deren Stelle die Oberfläche als zerstört bezeichnet ist) Bestätigung findet. Danach sieht (oder sah) die Inschrift etwa so aus:

ΟΑΕϜΤΟΛΙ⊕ΟΕ ΜΙΑΝΔΡΙΑϟΚΑΙΤΟϟΦΕΛΑϟ

Die Buchstaben stehen bei Stuart etwas steiler und statt des Delta hat er irrthümlich ein Λ: bei Tournefort ist die Gestalt des ϟ eine mehr gerundete; auch zieht er fälschlich ΛΙ in Μ und ΜΙ in ΛΜ zusammen. Weitere Abweichungen bieten aber die Abschriften nicht dar. Gewiſs richtig hat Bentley in diesen Worten einen jambi-

---

*) Schon von Cyriacus v. Ancona. Vgl. die Mittheilungen O. Jahn's im *Bulletino dell' inst. arch.* 1861. S. 182.

Trimeter erkannt; wenn er ihn aber mit Ergänzung eines T zu
Anfang folgendermafsen herstellt:

τοῦ ἀϝυτοῦ λίθου εἰμ' ἀνδριὰς καὶ τὸ σφέλας

indem er die Worte τοῦ ἀϝυτοῦ zweisilbig liest (ταὐτοῦ), so erheben
sich gegen die befolgte Lesung und Deutung des Anfanges die ernste-
sten Bedenken, welche ich wenigstens zu beseitigen mich aufser
Stande sehe. Es ist nicht sowohl der Gebrauch des Vau auf einer
naxischen Inschrift aus nicht gar zu früher Zeit überhaupt, welche
Anstofs erregt, obwohl er immerhin merkwürdig genug wäre, als
vielmehr seine Verwendung gerade in dem Pronomen αὐτός in einer
Weise, welche eine dreisilbige Aussprache desselben nothwendig
machen würde, eine Erscheinung, die sich schlechterdings durch
gar Nichts erklären oder rechtfertigen liefse. Dies ist um so auf-
fälliger, als auf der weiter unten zu besprechenden, auf keinen Fall
bedeutend jüngeren Inschrift gleichfalls naxischen Ursprunges das
Vau im Anlaut eines Wortes, wo man es erwarten dürfte (ἴδεϝθε),
nicht nur nicht geschrieben ist, sondern nach Ausweis des Metrums
auch nicht gesprochen worden sein kann. Die Verlegenheit, in der
wir uns hiernach befinden, wird vermehrt durch den Umstand, dafs
gerade der Anfang der Inschrift und mit ihm das fragliche Zeichen
in allen drei Abschriften übereinstimmend überliefert wird, und
durch eine Correctur zu helfen demnach unzulässig erscheint. Obwohl ich es nun unter diesen Umständen nicht wagen kann, eine
Änderung vorzuschlagen, so ist doch ein Gebrauch des Vau der
Art, wie ihn die Bentleysche Lesung des Anfanges, welche nach
dem Stande der Überlieferung die einzig mögliche scheint, vorauszusetzen nöthigen würde, so völlig unglaublich, dafs nur Autopsie
des Denkmals oder eines guten Abklatsches mich davon würde
überzeugen können, dafs wirklich dieses Zeichen auf dem Stein
steht und nicht etwa nur die verstümmelten Reste eines anderen,
welche nur scheinbar und unabsichtlich ein Digamma darstellen.
Ich mufs daher zwar nicht das Vorhandensein, aber doch den Gebrauch dieses Zeichens im naxischen Alphabete dieser Zeit vorläufig als mindestens sehr zweifelhaft bezeichnen.

Die Zeichen des zweiten gröfseren Theiles der Inschrift unterliegen solchen Zweifeln allerdings nicht, sind aber so wenig charakteristisch, dafs aus ihnen die eigenthümliche Stellung des Alphabets
nicht zu entnehmen wäre, wenn nicht ein zweites Denkmal naxi-
scher Epigraphik uns zu Hilfe käme, welches die Lücken, welche
das erste in unserer Kenntnifs läfst, bis auf unbedeutende Kleinig-

keiten vollständig auszufüllen trotz seines nicht erheblichen Umfanges möglich macht. Aus Beschreibungen und Abbildungen bei Clarke (*Travels in various countries of Europa, Asia and Africa* II, 2. S. 148 ff.) und Dodwell (*Classical and topographical tour through Greece* I. S. 243 ff.) hatte man Kenntnifs von einem Basrelief alterthümlichen Stiles, welches einen bärtigen, mit einem Mantel bekleideten Mann in höherem Alter vorstellt, der mit der Linken auf den vorgestreckten Stab gestützt mit der Rechten einem zu seinen Füfsen ruhenden, mit den Vorderfüfsen nach rechtshin aufgerichteten Hunde eine Heuschrecke darzureichen scheint. Es befand sich damals und befindet sich noch auf dem Kirchhofe des Dorfes Rhomaïiko, das etwa eine Stunde entfernt von Orchomenos auf der Strafse nach Chaeronea liegt. Nähere Erkundigungen haben ergeben, dafs es nicht dort, sondern zu Petro-Magula in der unmittelbaren Nähe von Orchomenos gefunden worden und von dort nach Rhomaïiko geschafft worden ist. Schon Clarke berichtete nach Hörensagen von einer Inschrift, welche unterhalb des Bildwerkes angebracht sein sollte, und Dodwell, der, nachdem er den Fufs des Denkmals von der ihn bedeckenden Erde hatte reinigen lassen, diese Inschrift auf der Steinleiste geschrieben fand, welche das Bildwerk nach unten abschliefst, gab von ihr eine Copie, die indessen so unvollkommen ausfiel, dafs sie als unverständlich und darum ganz unerheblich im C. I. G. übergangen worden zu sein scheint. Dodwell erkannte und stellte folgende Züge dar, die allerdings eine zusammenhängende Lesung nicht verstatten:

ΛΓΧ< ΗΝ//////ΙΙΙΙΙ ΒΕΓΗ○///ΛΧ //////// ΑΓΙΕ>ΙΔΛΙ

Den Herren Conze und Michaelis war es vorbehalten in ihrem Reiseberichte *(Annali dell' inst. archeol.* 1861. *tav. d' agg. E,* 3; vergl. S. 81 ff.) ausser einer genaueren Beschreibung und Charakteristik des Bildwerkes die erste lesbare Abschrift der in mehr als einer Beziehung interessanten Inschrift zu liefern. Was sich davon jetzt noch erkennen läfst, sieht nach der von ihnen gegebenen Darstellung so aus:

ΛΓΧΣΗΝΟΡΕΓΞΙΗΣΕΝΗΟΝΑΧΣΙΟΣΑΛΛΕΣΙΔΓ>

eine Darstellung, welche durch die unvollkommene Dodwellsche Abschrift lediglich bestätigt wird. Die Herausgeber lesen zum Theil wenigstens richtig Ἀγξήνωρ ἐποίησεν ὁ Νάξιος Ἀγγισίδης. Weder der Dialekt noch, was die Hauptsache ist, das Alphabet der In-

schrift sind boeotisch; es ist deshalb nothwendig anzunehmen, dafs
die Schrift, welche nicht die landesübliche ist, diejenige sei, welcher
sich der auf dem Denkmal sich nennende Meister von Naxos zu
bedienen pflegte, der unzweifelhaft die Inschrift eigenhändig eingehauen hat, also die naxische. Es ist dies auch ganz natürlich und
in der Ordnung, da die Inschrift als eine reine Privatzuthat des
Künstlers betrachtet werden mufs, die mit der Bestimmung des
Bildwerkes in gar keinem unmittelbaren Zusammenhange steht. Das
Basrelief wird auf einer Basis aufgestellt gewesen sein und die Angaben über den Verstorbenen, auf dessen Grabstätte das Denkmal
errichtet zu werden bestimmt war, mögen auf dieser Basis eingetragen und natürlich in boeotischem Dialekte und Alphabete abge-
fafst gewesen sein; die Angaben dagegen über die Person und
das Vaterland des Künstlers, welche dieser selbst seinem Werke
beisetzte, verpflichtete ihn Nichts der epichorischen Sitte anzubeque-
men, und wie er sich selbst einen Naxier nennt, obwohl er offenbar in Boeotien und für Boeoter arbeitete, so hat er auch seine
Herkunft durch Anwendung der heimathlichen Schriftzüge inmitten
des Herrschaftsgebietes eines ganz abweichenden Alphabets zu be-
kunden keinen Anstand genommen. Ist aber das Alphabet der Inschrift das naxische, wie nicht bezweifelt werden kann, so sind
die beiden Λ in dem letzten, von den Herausgebern gebildeten
Worte ’Αγγισίδης nicht als Gamma, sondern nothwendig als zwei
Lambda zu nehmen, wie die Aufschrift der vorher besprochenen
Basis von Delos unwiderleglich darthut, und damit fällt dieses
Wort, welches ohnedem aus den verschiedensten epigraphischen
sprachlichen und sachlichen Gründen als völlig monströs und geradezu unmöglich bezeichnet werden müfste. Auch das zweite Zeichen
von links dürfte, obwohl seine Stellung etwas steiler erscheint (Γ),
doch eher ein Lambda als ein Gamma sein, welches letztere einen
weniger spitzen Winkel aufweisen würde. Schon aus diesem Grunde
erscheint der Name ’Αγξήνωρ, welchen die Herausgeber dem Künstler beilegen, bedenklich und er wird es noch mehr, wenn man er
wägt, dafs die von dem vorhergehenden Zeichen erhaltenen Reste
in keinem Falle auf ein Λ, viel eher auf ein Ϝ hinleiten. Von
entscheidender Wichtigkeit für eine richtige Lesung und Ergänzung
der Zeile ist aber der entschieden hervortretende daktylische Rhyth-
mus, welchen die mit Sicherheit gelesenen Worte verrathen und
der den Herausgebern entgangen ist. Er beweist, dafs wir einen
Hexameter vor uns haben, der sich denn auch mit Berücksichtigung

der oben als nothwendig bezeichneten Abänderungen der von den
Herausgebern beliebten Lesung ohne alle Schwierigkeit herstellen
läfst:

$$[\Theta]\epsilon\lambda\xi\acute{\eta}\nu\omega\rho\ \acute{\epsilon}\pi o\acute{\iota}\eta\sigma\epsilon\nu\ \acute{o}\ N\acute{\alpha}\xi\iota o\varsigma\cdot\ \mathring{a}\lambda\lambda'\ \acute{\epsilon}\sigma\acute{\iota}\delta\epsilon\sigma[\Im\epsilon].$$

Es macht diese, wie mir scheint, einleuchtende Lesung weiter Nichts
als die gewifs gerechtfertigte Annahme nöthig, dafs die rechte und
linke Kante der Leiste durch Abstofsung um eine Kleinigkeit ver-
kürzt seien und nicht mehr die scharfen Umrisse zeigen, welche
ihnen auf der Abbildung von den Herausgebern beigelegt werden.

Das Alphabet nun, welches sich aus der Vergleichung beider
Inschriften als das auf Naxos zu einer gewissen Zeit übliche ergiebt
und das in Col. XII zusammengestellt worden ist, nimmt eine ganz
eigenthümliche Sonderstellung ein, welche auf eine von der des
ionischen Alphabets bis zu einem gewissen Grade unabhängige
eigenartige Entwickelung hinweist. Von den mangelnden Zeichen
fehlen Beta, Gamma und Zeta entschieden nur zufällig, während
vom Koppa sich dies nicht mit Bestimmtheit behaupten läfst. Die
Zweifel in Betreff des Vau sind oben berührt worden. Dagegen
kannte oder gebrauchte wenigstens das Alphabet die Zeichen ξ, ψ
und ω gar nicht, sondern drückte, wie die zweite Inschrift zeigt,
den Laut des ξ durch $\chi\sigma$, des ψ also vermuthlich durch $\phi\sigma$ aus,
während es O für o, ov und ω verwendete und sich des Zeichens
Ω enthielt. Zur Bezeichnung des Zischlautes diente noch die dem
X im Gebrauche vorhergehende ältere Form S, dagegen hat das H
bereits die jüngere, oben und unten geöffnete Gestalt angenommen,
während es seiner lautlichen Geltung nach auf einem älteren Standpunkt verharrt, als in dem ionischen Alphabete des sechsten Jahrhunderts. Es bezeichnet zwar schon regelmäfsig das lange e, daneben aber noch (wenn auch vielleicht nur bisweilen und ohne Regelmäfsigkeit) den rauhen Hauch, zeigt also dasselbe Schwanken einer
Übergangsperiode, das auf den Inschriften von Abu-Simbel und
den älteren von Thera und Melos begegnete. Die jüngere Form
des Zeichens neben alterthümlicherer Verwendungsweise ist ihm
dabei mit den ältesten Inschriften von Melos gemein, während die
von Abu-Simbel und Thera noch ☐ bewahren, das selbst die älteren der ionischen Inschriften des sechsten Jahrhunderts noch ausschliefslich verwenden, obwohl sie damit, soweit unsere Kenntnifs
reicht, den rauhen Hauch nicht mehr bezeichnen. Die lautliche
Geltung, in der dieses Alphabet die Zeichen X und H verwendet,
verräth also zwar eine directe Beziehung zum ionischen Alphabete,

alle anderen bemerkten Eigenthümlichkeiten aber documentiren einen
solchen Grad selbständiger elektrischer Willkür, dafs aus einer Vergleichung des Entwickelungsstandes dieses naxischen Alphabets mit
den verschiedenen Phasen des ionischen eine chronologische Bestimmung der in Rede stehenden Inschriften vom epigraphischen Standpunkte nicht zu gewinnen ist.

Dafs indessen das naxische Alphabet diese spröde Zurückhal-
tung in verhältnifsmäfsig früher Zeit aufgegeben und sich schon
lange vor dem Ende des peloponnesischen Krieges mit dem vollständig entwickelten ionischen Alphabete ausgeglichen haben mufs,
beweist eine auf Naxos selbst gefundene Inschrift, welche nach
einer Köhlerschen und einer Gellschen Abschrift im C. I. G. 2422,
nach der letzteren auch von Rose (*Inscr. Gr. vet. praef.* p. VIII
n. 6) herausgegeben worden ist (vgl. Lebas II. n. 2157. p. 480).
Die beiden als *a* und *b* unterschiedenen Theile stehen auf verschiedenen Seiten eines und desselben Steines:

$a.$ ΑΉΑƎΦΟꟼΟΔ *)
$b.$ ꟩ΩΙꟼΑΉ
ΗΛΟΦΙΟ

In der ersten Zeile ist mit Boeckh unbedenklich Δωροθία zu lesen
und Φ der Abschriften als verlesen aus ⊕ (nicht ⊙) zu nehmen.
Ob dagegen das schliefsende ΑΉ mit ihm in καί zu ergänzen und
demnach die erste Inschrift mit der zweiten so ohne Weiteres zu
einer zu verbinden ist, erscheint mir sehr zweifelhaft, ja unwahrscheinlich, da sich beide auf verschiedenen Seiten des Steines befinden sollen. Ich ziehe es daher vor sie getrennt zu halten und
in der ersten vielmehr zu ergänzen Δωροθία Κα[ρίωνος], so dafs
Dorothea die Tochter des in der zweiten genannten Karion wäre;
das Denkmal ist offenbar ein Grabstein, auf dem die Namen mehre-
rer, namentlich verwandter Personen zu lesen nicht auffallen kann.
Gröfsere Schwierigkeit macht die Lesung der zweiten Aufschrift,
deren zweite Zeile Boeckh nicht zu deuten versucht hat. Es ist
mehr als wahrscheinlich, dafs wir in ihr den Namen des Vaters
im Genetiv zu suchen haben. Leider sind sämmtliche Zeichen dieser Zeile für die Richtung der Schrift nicht charakteristisch, diese
kann daher nach Belieben als links- oder rechtsläufig gelesen wer-

---

*) In der Gellschen Abschrift fehlten die letzten Buchstaben ΑΉ oder,
nach Rose, ΑΉΑ.

den. Nehmen wir sie als linksläufig, so ist mit ihr allerdings Nichts anzufangen, lesen wir sie dagegen rechtsläufig, so erhalten wir gegen Ende die Sylben . . λαφίου, welche sehr wohl den Schlufs des erwarteten Eigennamen im Genctiv darstellen könnten, der nur zu Anfang verstümmelt oder auch verschrieben zu setzen wäre. Die gröfsere Wahrscheinlichkeit ist demnach für die letztere Annahme, unter welcher die ganze Inschrift furchenförmige Zeilenordnung erhalten würde, während im ersteren Falle sie aus zwei linksläufigen Zeilen bestehen würde. Welcher von beiden Fällen aber auch stattfinden möge, immer ist es nothwendig dieser, wie der ersten Aufschrift ein verhältnifsmäfsig sehr hohes Alter beizumessen, welches unter die Zeiten der Perserkriege herabzurücken kaum möglich ist. Dazu stimmt sehr wohl die alterthümliche Gestalt des Λ und des Ε. Trotzdem erscheint in beiden bereits das Ω; die Ausgleichung mit dem ionischen Alphabete war also in dieser Zeit bereits vollzogen, da anzunehmen ist, dafs mit der Aufnahme dieses jüngsten der ionischen Buchstaben die des ξ und ψ gleichzeitig erfolgt sein werde. Die Inschrift des Reliefs von Orchomenos kennt die drei Zeichen noch nicht und von dem Alphabete der Aufschrift der delischen Basis darf dasselbe wenigstens vermuthet werden. Jenes setzen die Herren Conze und Michaelis nach dem Stile des Kunstwerkes in die erste Hälfte des fünften Jahrhunderts, von letzterer kann als wahrscheinlich angenommen werden, dafs sie älter sei, als die delische Theorie des Nikias, welche Boeckh in Ol. 90 setzt; es hindert aber auch Nichts ihr nöthigenfalls ein bedeutend höheres Alter zuzuschreiben. Als sicher dürfen wir daher bis auf Weiteres annehmen, dafs die drei Inschriften der Zeit nach nicht weit von einander abliegen, dafs die von Naxos und Orchomenos etwa um die Scheide des sechsten und fünften Jahrhunderts zu setzen sind, dafs um diese Zeit das ionische Alphabet auf Naxos zu ausschliefslicher Geltung zu gelangen begonnen hat und jedenfalls schon lange vor dem Ende des peloponnesischen Krieges diese Geltung behauptet hat.

Ich übergehe die zuerst C. I. G. 41 und später noch oft herausgegebene Felseninschrift von Keos, über deren Alter eine bestimmte Ansicht auszusprechen bedenklich erscheint, und wende mich zu den Alphabeten des Festlandes von Hellas, welche Berührungspunkte mit dem ionischen darbieten, und zwar zunächst zu demjenigen, welches in der Besonderheit seines Verhaltens die gröfste, wenn auch vielleicht nur zufällige, Ähnlichkeit mit dem zuletzt besprochenen naxischen verräth, nämlich dem attischen.

3. Die Alphabete des Festlandes von Hellas.

20. Das attische Alphabet ist unter allen griechischen dasjenige, dessen Entwickelungsgang uns innerhalb einer bestimmten Zeit am genausten bekannt ist, weil es durch die zahlreichsten Documente belegt wird, wefshalb ich auf Einzelheiten näher einzugehen weniger nöthig habe und mich auf das Allgemeine und hinreichend Feststehende um so mehr beschränken kann, als für die Thatsachen Belege beizubringen unter diesen Umständen überflüssig erscheint. — Die Inschriften in attischem Alphabet gehen bis in das Zeitalter der Peisistratiden hinauf und schliefsen ab mit dem Archontat des Eukleides, Ol. 94, 2, in welchem Jahre durch Volksbeschlufs auch für den officiellen Gebrauch das ionische Alphabet recipirt wurde, welches im Privatgebrauch schon weit früher Verwendung erhalten zu haben scheint *). Auch auf öffentlichen Urkunden erscheinen bereits seit dem Anfange des peloponnesischen Krieges, gegen Ende desselben immer´häufiger, durch Versehen der Schreiber vereinzelt Zeichen des ionischen Alphabets, die das attische bis dahin verschmäht hatte, so H als Bezeichnung les langen *e*, Γ statt Λ, auch Ξ, zum deutlichen Beweise, dafs die ionische Schreibweise den Schreibern ganz geläufig war. Die Richtung der Schrift war im Solonischen Zeitalter die furchenförmige und ist es noch auf den ältesten uns erhaltenen Grabschriften, welche in das sechste Jahrhundert hinaufgehen; im fünften gelangt die rechtsläufige Schreibweise zu ausschliefslicher Geltung, welche schon früher neben der furchenförmigen gleichzeitig auftritt. Der Charakter einer grofsen Anzahl von Zeichen erleidet zwar in dem bezeichneten Zeitraume nicht unerhebliche Wandelungen, die zu übersehen in Col. XIII die jüngeren von den älteren Formen getrennt aufgeführt worden sind; allein diese Wandelungen, welche der Analogie der meisten anderen Alphabete folgen, berühren das Wesen der Zeichen nicht und sind die natürlichen Folgen eines ausgedehnteren und längeren Gebrauches der Schrift, der mit Nothwendigkeit auf gröfsere Regelmäfsigkeit der Formen und möglichste Vereinfachung der Buchstabenzeichen hindrängt. Da sie allmählig erfolgt sind und die Urkunden gerade aus den Zeiten des Überganges verhältnifsmäfsig selten sind, lassen sich chronologische Bestimmungen im Einzelnen nicht aufstellen; im Allgemeinen steht fest, dafs um den Anfang des pelo-

---

*) Vgl. Euripides Fragm. 385 N.

ponnesischen Krieges das Alphabet denjenigen Charakter bereits
als einen typischen angenommen hatte, der durch die Reihe der
jüngeren Formen auf der Tafel dargestellt ist. Nur bei einem einzigen Zeichen, nämlich dem des Zischlautes, hat im Laufe der Zeit
ein wirklicher Wechsel verschiedener Formen Statt gefunden und
läfst sich die Epoche dieses Wechsels zugleich mit aller nur wünschenswerthen Genauigkeit bestimmen. Die älteren Inschriften nämlich bezeichnen den Zischlaut ausnahmslos durch ς; mit Ol. 86, 1 *)
verschwindet aber dieses Zeichen plötzlich von den öffentlichen Urkunden und es tritt an dessen Stelle ebenso ausnahmslos das ς;
nur auf Privatdenkmälern erscheint später noch, aber auch hier nur
ganz vereinzelt, das ς. Es ist dies indessen keine dem attischen
Alphabete eigenthümliche Erscheinung; bereits in der Entwickelung
des ionischen Alphabets des Festlandes ist sie uns entgegengetreten
und wird noch öfter begegnen. Eigenthümlich dagegen und nur noch
in einzelnen Alphabeten des Festlandes von Hellas und der westlichen Colonien nachweisbar ist dem attischen Alphabete die Form
des Lambda ν und, was damit im Zusammenhange zu stehen scheint,
die sehr geneigte Stellung des Gamma, ʌ, welches mit bis zur Basis
herabgezogenem rechten Schenkel (ʌ) dem aufrecht stehenden Lambda
ganz gleich wird. Entweder hat letzterer Umstand dazu beigetragen, die Form des umgekehrten Lambda zu fixiren, oder die ge-
wohnheitsmäfsige Verwendung des letzteren ist die Veranlassung
gewesen, dafs die Form des Gamma in der angegebenen Weise
degenerirte. Völlig stabil bleibt dagegen zu allen Zeiten der charakteristische Bestand der Zeichen, auf deren Verwendung sich die
attische Schrift mit einem gewissen Eigensinn wenigstens im officiellen Gebrauche beschränkt. Dafs das Vau in der Schrift nicht
mehr zur Anwendung kommt hat freilich seinen Grund in den lautlichen Zuständen der Sprache, und dafs Spuren vom Gebrauche
des Koppa sich nur vereinzelt in Vasenaufschriften (z. B. C. I. G.

---

*) [Dieser Ansatz bedarf einer Berichtigung. Da es jetzt feststeht, dafs die
sogenannten Tributregister mit dem Jahre Ol. 81, 3 beginnen, die Schreiber
derselben aber bereits im 11. Rechnungsjahre, also Ol. 84, 1, vom ς zum ς
übergehen, welches letztere von da an von ihnen ausfchliefslich gebraucht wird,
so ist klar, dafs hiernach der Wechsel auf öffentlichen Urkunden erheblich früher, nämlich um Ol. 84, 1, anzusetzen ist. Urkunden mit ς sind also nothwendig
nicht nur älter als Ol. 86, 1, aus welchem Jahre die älteste bisher bekannte
datirbare Urkunde herrührte, sondern noch über Ol. 84, 1 hinaufzurüken.]

8155) *) finden, im Allgemeinen dieses Zeichen als aufser Gebrauch
gesetzt betrachtet werden mufs, kann in einem Alphabete nicht be-
fremden, für das vor allen andern das Bedürfnifs der Vereinfachung
und der Beseitigung alles nicht durchaus Nothwendigen oder gar
Überflüssigen sich geltend machen mufste; überdem steht ihm in
beiden Beziehungen die Analogie vieler andern archaischen Alphabete zur Seite. Allein in seinem Verhalten zu den nicht phoenikischen Zeichen zeigt es eine charakteristische Selbständigkeit, man
möchte sagen, Sprödigkeit. Es gebraucht nämlich von diesen Zeichen υ, φ und χ, und zwar letzteres in der Gestalt, die aus dem
ionischen Alphabete bekannt ist (+ oder X), enthält sich dagegen
mit starrer Consequenz des ξ und ψ, für welche Zeichen es die
Buchstabenverbindungen χσ und φσ verwendet, und des ω, dessen
Laut nach älterer Praxis auch des ionischen Alphabets durch O,
das zugleich in der Mehrzahl der Fälle den Diphthong ου zu bezeichnen dienen mufs, ausgedrückt wird. In dieser Beziehung steht
es, wie man sieht, auf dem eklektischen Standpunkte des naxischen
Alphabets, übertrifft das letztere aber noch an conservativer Sprödigkeit dadurch, dafs es H nur als Zeichen des Hauches, nie des
langen *e*, verwendet, dieses vielmehr in alter Weise durch das E
bezeichnet, das in Folge davon den dreifachen Werth des *e*, *η* und
(mit gewissen Einschränkungen) auch des *ει* erhält. Dafs diese
Enthaltsamkeit aber nicht von einer Unbekanntschaft mit der Wei-
terentwickelung des Alphabets im Osten, auf eine .Beziehung zu
welchem doch die Gestalt des attischen χ unverkennbar hinweist,

---

*) [Ein Beispiel vom Gebrauche des Zeichens auch auf Steinschriften bietet
das Fragment, welches dem Tagebuche von Rofs zufolge im Mai 1837 beim
Erechtheion gefunden worden ist und aus hartem Porosstein besteht:

ƆΓΙΔΙϘΟΡΕΙ

Ein überaus merkwürdiger Zufall mufs es in der That genannt werden, dafs
das Ἐφημ. ἀρχ. 1131 herausgegebene Fragment, welches nach der Angabe
von Pittakis im Jahre 1833 an der Südseite des Parthenon gefunden worden
ist und stehen soll ἐπὶ τοῦ χείλους τμήματος ἀγγείου πηλίνου μεγάλου

ΚΕΝ:ΔΙΟΣΛΙΑΥϘϹ

und das gleichfalls das Koppa zeigt, sich rechts genau an das vorhergehende
Bruchstück anzuschliefsen scheint und mit diesem verbunden sich ungezwungen
zu einem Hexameter ergänzt:

[Name ἀνέϑη]κε(ν) Διὸς γ[λ]αυϘώπιδι Ϙούρϝη].

herrührt, und dafs eine allgemeine Kenntnifs des ionischen Alphabets nicht erst seit dem Anfange des peloponnesischen Krieges in Athen sich verbreitet habe, folgt aus der kulturgeschichtlichen Stellung Attikas mit Nothwendigkeit und läfst sich zum Überflufs durch Urkunden belegen. Ich verweise zu diesem Zwecke auf das von Rangabé 249 herausgegebene Bruchstück eines Psephisma, welches, da es noch Ϟ für Ϙ verwendet, spätestens in die 85. [83.] Olympiade gesetzt werden kann, aber augenscheinlich erheblich älter ist. Es liegt mir von diesem Bruchstücke eine Abschrift des Herrn von Velsen vor, durch welche constatirt wird, dafs in den beiden Fällen, wo auf ihm die Lautverbindung ↓ erscheint, in den Worten ἐↄψηφιϲμ[έν . . . . Z. 3, und ἀναγραↄψαν[τ . . . Z. 6, sie beide Male durch Υ, resp. Ψ, bezeichnet ist, was um so mehr Beachtung verdient, als wir es hier mit einer öffentlichen Urkunde zu thun haben. [Ähnlich findet sich auf einem derselben Zeit angehörigen Bruchstücke eines Verzeichnisses von im Kriege Gefallenen, welches 'Εφημ. ἀρχ. 2847 gedruckt ist, wiederholt Ξ für ΧΣ geschrieben.] Noch merkwürdiger ist die Aufschrift der Basis eines Privatanathems, welche 'Εφημ. ἀρχ. 414 (vgl. Rangabé 37. Lebas Tf. III, 7) publicirt ist:

ΛΙΙΟΠΔΕΣ:ΗΕΒΔΟΜΙΑΣ:ΛΕΥΚΟΛΟΦΙΔΩ:ΑΝΕΘΕΤΕΝ

und die schlechterdings nur . . . . ἴδης, 'Εβδοίίας Λευκολοφίδου ἀνεϑίτην gelesen werden kann. Der Gebrauch des Ϟ weist auch dieses Denkmal über Ol. 85 [84] hinauf und doch finden wir auf ihm das Zeichen Ω, das durch alle Abschriften bezeugt wird, merkwürdigerweise aber nicht als Ausdruck des langen o in der Weise des kleinasiatischen Alphabets, sondern des Diphthonges ου, wie dies auf den Inschriften von Paros und Siphnos der Fall war, welche, wie oben gezeigt, ο und ου durch Ω, ω dagegen durch O oder Θ zu bezeichnen pflegen. Es ist daher sehr wahrscheinlich, dafs auf unserer Inschrift das O im Anfange des verstümmelten ersten Namens nicht als ο, sondern als ω zu fassen und eine Namenform, wie etwa 'Αρχωνίδης, Μυρωνίδης oder dgl. herzustellen ist. Auf alle Fälle beweist dieses Beispiel, dafs man damals in Athen mit der entwickelteren Schreibweise der östlichen Alphabete vertrauter war, als die stabile Praxis der öffentlichen Urkunden vermuthen läfst, und dafs das Bedürfnifs schon in sehr früher Zeit einen Zustand des Alphabets überholt hatte, auf dem zu verharren nur nationale

Sprödigkeit ein sonst auf allen anderen Gebieten dem Fortschritte huldigendes Volk veranlassen konnte.

Zu bemerken ist schliefslich noch, dafs Inschriften in diesem Alphabete, und zwar zum Theil recht alte, sich auf Euboea gefunden haben, dafs aber Nichts uns hindert, vielmehr Alles darauf hinleitet, sie für Erzeugnisse der attischen Kleruchen zu halten, welche bekanntlich Theile dieser Insel schon in sehr frühen Zeiten besetzt hatten. Von dem attischen Theile der Inschrift von Sigeion ist oben das Nöthige bemerkt worden.

21. Aufser Attika finden sich Alphabete, die mit dem des Ostens engere Verwandtschaft verrathen, auf dem Festlande nur noch an zwei Punkten der Peloponnes. Zunächst auf dem engeren Gebiete von Argos, mit Ausschlufs der Seestädte der Halbinsel, wenigstens von Hermione. Durch einen glücklichen Zufall befindet sich unter den hierher gehörigen Denkmälern eines, dessen Zeit sich unabhängig von seinem palaeographischen Charakter genau bestimmen läfst. Es ist dies das in Athen gefundene Bruchstück C. I. G. 166 (vgl. Rose *Inscr. Gr. vet.* tab. VIII, 2) *), in welchem Boeckh einen Theil des Verzeichnisses derjenigen Argiver (Kleonaeer) erkannt hat, welche in der Schlacht bei Tanagra, Ol. 80, 4, an der Seite der Athener gefochten hatten und im Kampfe gefallen waren (Pausanias I. 29, 7). Derselben Schriftperiode nun gehören die Bruchstücke C. I. G. 17 (in besserer Abschrift bei Rofs *Inscr. inedd.* I. n. 55 p. 17 und Lebas Tf. VI, 15) 18 und 19 an, welche aus Argos selbst stammen. Das diesen Inschriften allen gemeinschaftliche charakteristische Erkennungszeichen ist, dafs sie das *o* und das Koppa mit einem Punkte im Kreise schreiben und den Zischlaut durch ≶ bezeichnen. Denn das Σ, welches die Fourmontschen Abschriften zeigen, beruht so gewifs auf einer Ungenauigkeit derselben, wie das ʘ, welches auf n. 19 einige Male als Theta vorzukommen scheint, aber sicher für ⊗ oder ⊕ verlesen ist, da nicht angenommen werden kann, dafs eine Inschrift, welche ʘ für O setzt, ersteres Zeichen zugleich für Theta verwendet habe. Etwas älter ist das Fragment C. I. G. 14, das zwar auch regelmäfsig ʘ für O setzt, aber den Zischlaut durch das im Gebrauche ältere ≶ bezeichnet. Eine dritte, älteste Gruppe bilden die Inschrif-

---

*) Ein weiteres, wahrscheinlich zu derselben Inschrift gehöriges Fragment, aus dem wir indessen nichts Neues lernen, ist später auf der Burg zu Tage gekommen und Ἐφημ. ἀρχ. 1118. Rangabé 367 herausgegeben worden.

ten C. I. G. 2 und 6 (von welcher schon oben bemerkt worden
ist, daſs sie nicht nach Samos, sondern wahrscheinlich nach Argos
gehöre), so wie die Helmaufschrift n. 29 (vgl. Add. p. 885), welche sich von den übrigen sowohl durch den alterthümlicheren Charakter der Schriftzüge, als auch dadurch deutlich unterscheiden, daſs
sie das ϙ und das Koppa nicht mit dem Punkte versehen und statt
ϟ oder ϟ das viel ältere ϻ verwenden. Hiernach sind die drei
Alphabetreihen in Col. XIV zusammengestellt.

Es ist durchaus kein Grund vorhanden, der uns nöthigte anzunehmen, daſs die Zeichen, welche zufällig in einer der drei Reihen nicht nachweisbar sind, während sie in den andern sich finden,
zur Zeit, wo diese Reihe Geltung hatte, nicht im Gebrauche gewesen und der Bestand der ältesten ein wesentlich anderer, als der
der jüngsten gewesen sei. Ebenso fehlt das Zeta in allen drei
Reihen selbstverständlich auch nur zufällig. Das Gleiche gilt meiner Meinung nach auch von dem ↓, für welches aus leicht begreif-
lichen Gründen irgend ein Ausdruck ebenfalls in keiner der drei
Gruppen nachweisbar ist. Denn ein Alphabet, welches wie das
vorliegende den Laut χ durch das ionische Zeichen X ausdrückte
und für die Verbindungen der Gutturale mit dem Zischlaute ⱶⱶ
verwendete, kann aller Analogie nach das Ψ oder Ψ als Ausdruck
der entsprechenden Verbindungen der Lippenlaute kaum entbehrt
haben. Jenes ⱶⱶ ist nämlich identisch mit dem ionischen Ξ, freilich nicht so, daſs es als ein verkehrt gestelltes Ξ betrachtet werden dürfte, sondern es ist selbständig wie jenes aus der älteren
Urform ⊞ durch Vereinfachung abgeleitet, indem statt der vertika-
len die horizontale Schlieſsung fortgelassen worden ist, ähnlich
wie das jüngere H aus dem älteren ⊟ hervorging, wie dies nach
Anderer Vorgange Mommsen auf eine völlig überzeugende Weise
dargethan hat*). Das argivische Alphabet unterscheidet sich demnach von dem ausgebildeten ionischen abgesehen davon, daſs es die
in letzterem allmälig auſser Gebrauch gekommenen Zeichen des Vau
und Koppa noch verwendet, in welchem Umstande eine wesentliche
Abweichung nicht gefunden werden kann, in der Hauptsache durch
weiter Nichts, als daſs es das jüngste Zeichen des ionischen Alphabets, Ω, noch nicht kennt und das ⊟ in seiner ursprünglichen Bedeutung als Spiritus und nicht als Bezeichnung des langen e verwendet, für welches vielmehr noch das ᴇ fungirt. Eine individuelle

---

*) Unteritalische Dialekte S. 11 ff.

Eigenthümlichkeit des Alphabets, welche indessen gleichfalls keinen wesentlichen Unterschied begründet, ist die besondere Modification, welche es dem Zeichen des Lambda gegeben hat (Ͱ) und welche daher in keinem anderen griechischen Alphabete begegnet. Auch der Wechsel in der Bezeichnung des Zischlautes (M, ϟ, ϟ) hat seine bestimmte Analogie in der Entwickelungsgeschichte des ionischen und anderer Alphabete, obwohl das M schon in der ältesten Phase des ersteren antiquirt erscheint und bisher noch auf keiner ionischen Inschrift hat nachgewiesen werden können. Wie weit die ältesten argivischen Inschriften, die das M haben, über Ol. 80 hinaufgehen, läfst sich nicht bestimmen; es scheint, dafs sie nicht gar alt sind, da die Richtung der Schrift, wie auf den späteren, bereits entschieden rechtsläufig ist, was kaum zufällig sein dürfte. Nach alle dem ist das Verhältnifs des argivischen zum ionischen Alphabete ein zwar sehr nahes, aber ziemlich freies, und fällt, wenn wir das ionische als das Muster betrachten, nach dem zu einer gewissen Zeit das argivische sich in freier Weise ausgestaltete, die Anknüpfung dieser Beziehungen nothwendig geraume Zeit vor die Einführung des Ω in das ionische Alphabet, d. h. vor die Mitte des sechsten Jahrhunderts. Wann die völlige Ausgleichung mit dem letzteren durch Einführung des Ω und Wandelung des Werthes des H erfolgt ist, wissen wir nicht mit Bestimmtheit; es steht indessen durchaus nichts der Annahme im Wege, dafs dies, wie fast überall, um das Ende des peloponnesischen Krieges geschehen sei. Zwar hat Lebas bei Gelegenheit der Besprechung zweier Urkunden die Behauptung aufgestellt, dafs dieser Zeitpunkt erheblich früher eingetreten sei; allein die Gründe, auf welche er diese Behauptung stützt, sind so oberflächlicher Natur, dafs es kaum der Mühe verlohnt, näher auf sie einzugehen. Das erste dieser Denkmäler ist ein zu Argos gefundenes, jetzt im Berliner Museum (n. 480) befindliches, Votivrelief, Artemis mit Bogen und Fackel darstellend; die Dedication, zu beiden Seiten des Kopfes der Figur eingehauen, lautet *):

ΠΟͰΥΣΤΡ   ΑΤΑΑΝΕΟΗ
ΚΕ

Dieses Denkmal nun bringt Lebas auf eine willkürliche Weise in Verbindung mit C. I. G. 24, welche Inschrift Boeckh um Ol. 84

---

*) *Revue archéologique* II. 1845-46, 2 p. 691 ff. zu pl. 44. Vgl. auch *Voyage arch. Inscr.* II. n. 109 p. 24, wo Ͱ statt ΤΤ gegeben ist.

angesetzt hatte und die Lebas wunderlich genug für Argos in Anspruch nimmt, und meint, dafs der Charakter der Schriftzüge auf eine nicht gar weit von Ol. 84 abliegende Epoche hinweise. In der That aber hat C. I. G. 24 schlechterdings nicht das Mindeste mit Argos zu thun, wie die oben angestellten Erwägungen hoffentlich zur Genüge erwiesen haben, und was den Charakter der Schriftzüge anbelangt, so weisen die Formen des N, Θ und Η (um von dem Π ganz zu schweigen) auf eine beträchtlich spätere Zeit, als Ol. 81. Der Gebrauch des Η zur Bezeichnung des langen e scheint anzudeuten, dafs zur Zeit der Inschrift das ionische Alphabet bereits recipirt war, während die Beibehaltung der eigenthümlich argivischen Form des Lambda (um derenwillen allein die Inschrift in diesem Zusammenhange Erwähnung verdient) auf die Epoche unmittelbar nach der erfolgten Reception hinzuweisen scheint. Hiernach ist in keiner Weise abzusehen, warum das Denkmal nicht in die Zeiten unmittelbar nach dem peloponnesischen Kriege sollte gehören können, wogegen mir auch der Stil des Kunstwerkes nicht zu sprechen scheint. Nicht anders verhält es sich mit einem zweiten Denkmal, welches Lebas aus nichtigen Gründen in die Zeiten des peloponnesischen Krieges zu verweisen sich bemüht hat. Er fand die Inschrift zu Smyrna in die Wand eines Hauses eingemauert, wohin sie von Kimolos her scheint verschleppt worden zu sein*). Sie enthält im ionischen Alphabet geschrieben einen Schiedsspruch der Argiver, den diese im Auftrage der delphischen Amphiktyonen (denn diese, und nicht der nur in den Perserkriegen bestandene Bundestag auf dem Isthmos, sind unter dem συνέδριον τῶν Ἑλλάνων zu verstehen) in einem Streite zwischen den Bewohnern der benachbarten Inseln Melos und Kimolos zu Gunsten der letzteren gefällt haben. Dafs dieser Streit sammt der auf ihn bezüglichen Urkunde in die Zeit nach Restitution der dorischen Bevölkerung von Melos durch Lysandros fallen mufs, sieht jeder Besonnene ein, warum Lebas sie gerade in das Jahr vor Vertreibung der Melier durch die Athener, Ol. 90, 4, gesetzt wissen will, mag man bei ihm selbst nachlesen; auf eine ernstliche Wiederlegung seiner sogenannten Gründe einzugehen, erscheint überflüssig, da sie durch ihre Beschaffenheit sich selbst richten.

---

*) Zuletzt herausgegeben in der *Voy. arch. Inscr.* III n. 1. p. 1, wozu die *Explications* zu vergleichen sind.

22. In ganz ähnlichem Verhältnisse zum ionischen Alphabete, wie das argivische, steht das alte Alphabet von Korinth und seinen Colonien. Wir kennen den ältesten Zustand desselben aus Inschriften von Korinth selbst und Korkyra; es scheint jedoch aus gewissen Gründen sich zu empfehlen, beide Gruppen von Denkmälern hier gesondert zu betrachten und ihre Alphabete unabhängig von einander zu entwickeln, obwohl sie, wie sich zeigen wird, vollkommen identisch sind.

Von Korinth selbst und seinem Gebiete haben wir aufser den Aufschriften der ältesten Stadtmünzen, aus denen freilich nicht mehr als der Gebrauch des Koppa zu entnehmen ist, einige sehr alte Grabschriften, welche bei dem heutigen Asprokampo in der korinthischen Peraea, in der Nähe des alten Oenoe, gefunden worden sind. Drei von ihnen theilt Forchhammer (Halkyonia 1857 S. 14) nach eigenen Abschriften in folgender Gestalt mit:

b giebt auch Lebas II. n. 78 p. 20 (Tf. IV, 6), *a* und *c* haben wir in Abschriften von Rofs (vgl. Arch. Aufs. II. S. 661), der in *c* den Punkt im O ausläfst und *a* in etwas abweichender Fassung giebt:

Der Anfang der Inschrift scheint stark verwittert zu sein, woraus sich die Unvollständigkeit der von Lebas gegebenen Copie (*Revue archéol.* I, 1, 1844 p. 174. *Voy. arch.* [*Inscr.* II. n. 77. p. 20 und Tf. IV, 6) erklärt, die so aussieht:

denn dafs wir es hier mit zwei verschiedenen Inschriften zu thun haben sollten, erscheint mir nicht glaublich. Dazu kommen die vielleicht hierher gehörigen Fragmente ⊦ΑΛΛ und ΛΟΔ bei Lebas n. 80 und 82, ebenfalls von Oenoe. Auch nehme ich ohne das geringste Bedenken für Korinth selbst die in diesem Alphabete verfafsten Aufschriften der Vasen ältesten Stiles in Anspruch, um so

---

*) Rangabé 319 giebt die Inschrift nach einer handschriftlichen Notiz Lebas', doch etwas abweichend , setzt sie aber irrthümlich nach dem argolischen Oenoe.

mehr, als sowohl die zuerst bekannt gewordene, das berühmte
Dodwellsche Gefäfs (C. I. G. 7), als auch die vor Kurzem in den
Annali dell' inst. arch. 1862. *tav. d' agg. A. B.* (S. 46 ff.) abge-
bildeten und beschriebenen bei Korinth selbst gefunden worden sind,
und diese wenigstens unzweifelhaft als korinthisches Fabrikat betrachtet werden müssen. Die Aufschriften einer Anzahl später bekannt gewordener, aus den Gräbern Kampaniens und Etruriens
stammender, findet man C. I. G. 7373. 7374. 7376—80 *b.* Von
anderen führe ich nur an das von Mommsen (Unteritalische Dialekte S. 35 Anm. 48) erwähnte und von Braun in den *Annali dell'*
inst. arch. 1855 *tav.* XX (S. 67 ff.) besprochene und abgebildete
Gefäfs der Campanaschen Sammlung, weil wir aus ihm die Form
des Beta kennen lernen, und das Schaubertsche, aus Aegina stam-
mende, jetzt im Museum der Universität in Breslau, dessen Aufschriften am sorgfältigsten von Conitzer (Herakles und die Hydra.
1861. S. 31-33) wiedergegeben worden sind. Aus diesem Material
ist das Alphabet Col. XV zusammengestellt; um das Urtheil zu
erleichtern, habe ich diejenigen Zeichen, welche auf den Steinschriften und den bei Korinth gefundenen Gefäfsen nicht vorkommen,
sondern den Aufschriften anderer Vasen entnommen sind, durch ein
Sternchen kenntlich gemacht. Die Richtung der Schrift ist theils
links-, theils rechtsläufig.

Der Charakter dieses Alphabets ist ein sehr alterthümlicher, es
steht in allem Wesentlichen auf dem Standpunkte des ältesten, argivischen und übertrifft dasselbe an Alterthümlichkeit noch insofern,
als es das Iota nicht, wie dieses, durch den einfachen senkrechten
Strich, sondern durch mannigfache Modificationen der gebrochenen
Linie bezeichnet, ganz in der Weise der ältesten Inschriften von
Thera und Melos. Das nur zufällige Fehlen der Zeichen ζ und ψ *)
ist sicher nach demselben Mafsstabe zu beurtheilen, der für jenes
oben geltend gemacht worden ist. Charakteristisch und nur ihm
und seinen Abzweigungen eigenthümlich ist die Form des Ei, ß, ß,
welche, weil sie der gewöhnlichen Form des Beta ganz gleichkam,

---

*) [Das lange vermifste ψ hat sich endlich vor Kurzem auf der in Gerhards
Archaeologischer Zeitung 1864 Tf. CLXXX S. 153 ff. herausgegebenen korinthischen Vase in der Künstleraufschrift Χάρης μ' ἔγραψε gefunden und zwar in
der Gestalt, welche erwartet werden durfte, nämlich Υ. Die Aufschriften
derselben Vase bieten auch für Gamma die sonst nur aus grofsgriechischen Inschriften bekannte Form, I.]

Veranlassung gab, letztere in einer ebenfalls ganz eigenthümlichen
Weise zu differenziren; denn es scheint klar, das ʊ aus ꞵ, und
nicht umgekehrt ꞵ aus ʊ, entstanden ist. Wo, wie auf der Grabschrift c von Oenoe, die gewöhnliche Form Ε überliefert wird,
beruht dies nur vielleicht auf einer Ungenauigkeit der Lesung, die
bei einiger Undeutlichkeit der Schriftzüge leicht erklärlich ist. Die
Inschrift scheint nämlich zu alt, als das man sie in eine Zeit setzen könnte, in der das korinthische Alphabet sich der allgemein
üblichen Schreibart in dieser Beziehung wieder angenähert haben
mag, eine Thatsache, welche das weiter unten zu besprechende
syrakusische Alphabet zu verbürgen scheint und die durch die Vaseninschrift C. I. G. 7379 bestätigt wird, auf der, wenn der Abschrift
zu trauen ist, einmal Ε, einmal ꞵ, ein drittes Mal das unvollstän-
dige Ϝ erscheint und dem entsprechend in dem einzigen vorkommenden Fall dem Beta die Form ꞵ, unmittelbar hinter ꞵ als s, gegeben ist. Dagegen scheint ᛚ auf derselben Vase, an der einen
Stelle, wo der Buchstabe vorkommt, statt des sonst ausnahmlos
verwendeten Γ auf die auf Vaseninschriften so überaus häufige
Nachlässigkeit zurückzuführen, durch die so viele Buchstaben nicht
selten verkehrt gestellt erscheinen, und auf die wirkliche Praxis
aus diesem vereinzelten Falle ein Schlus nicht gezogen werden zu
dürfen. Das das Alphabet auf diesem Standpunkte nicht bis zur
Zeit der Reception des ionischen Alphabets verharrt hat, würde
unbedingt angenommen werden dürfen, wenn es sich auch nicht durch
die Analogie der Entwickelung der aus ihm abgeleiteten Tochter-
alphabete erhärten und durch ganz sichere thatsächliche Spuren erweisen liese. So findet sich, abgesehen von Ε statt ꞵ, wovon so
eben gesprochen worden, auf der ziemlich alten Steinschrift von
Oenoe bei Lebas II. n. 79 p. 20 ΛΑΜΙΜ und der nicht minder alten
Vaseninschrift C. I. G. 7376 Ι für Σ odes Ϲ noch neben dem Μ,
auf den Fragmenten von Oenoe bei Lebas II. n. 81 und 83 ΤΑΓΙΔΟΣ
und ΑΜΟΔΟΣ nicht nur dieses, sondern auch schon das jüngere Σ
für Μ und im Zusammenhange damit Μ für Μ. Der Gang der Entwickelung scheint der gewesen zu sein, das zuerst das ꞵ dem Ε
und ʊ dem ꞵ gewichen, gleichzeitig oder wenig später Ι für Ϲ, Σ
eingetreten, zuletzt Μ mit Μ vertauscht worden ist, womit im Flusse
der Bewegung ein leicht erklärliches Schwanken des Gebrauches
nicht in Abrede gestellt werden soll. Beachtenswerth ist endlich
besonders die Schreibung des Diphthonges ου selbst in der Endung
durch ΟΥ statt einfaches Ο in so alter Zeit, wie die der Steinschrift

a von Oenoe, ganz wider den Gebrauch aller andern Alphabete von gleichem und selbst viel jüngerem Alter. Sie beruht aber nicht etwa auf einem Irrthume oder Fehler der Abschreiber, sondern findet ihre Analogie in den ältesten Inschriften von Korkyra, wo sie sogar die Regel ist. Auch dies ist also zu den charakteristischen Eigenthümlichkeiten des korinthischen Alphabets zu zählen.

Vollkommen identisch, wie schon bemerkt, mit dem alten korinthischen ist das ältere korkyraeische Alphabet (Col. XVI). Es war zum Theil schon bekannt aus dem Fragmente C. I. G. 20, ist uns aber erst vollständig erschlossen worden durch die später entdeckten und viel besprochenen Grabschriften des Menekrates und Arniadas (am zugänglichsten jetzt bei Rofs in den Arch. Aufs. II. Tf. XXI und XXII), womit dann noch die kleine einzeilige Weihinschrift, welche W. Vischer (Rhein. Museum IX. S. 385 und 'Archaeologisches und Epigraphisches aus Korkyra, Megara und Athen' Basel 1854 Tf. II, 1) herausgegeben hat:

ΔΧΔ⊕ΔVΛΜΜΟϚΦΟΛ

zu verbinden ist *). Die Richtung der Schrift ist hier, wie in der gleichfalls eine einzige lange Zeile bildenden Grabschrift des Menekrates linksläufig, dagegen in den mehrzeiligen Inschriften C. I. G. 20 und der Grabschrift des Arniadas furchenförmig. Auch für dieses Alphabet sind ζ und ψ bisher nicht nachzuweisen, was indessen, so gut wie der gleiche Mangel in Betreff des Koppa, ganz sicherlich nur zufällig ist. Wie schon bemerkt, wird auch auf diesen sehr alten Inschriften das *ου* der Endungen regelmäßig durch Ο Υ ausgedrückt.

Über die Wandelungen, welche das Alphabet auf Korkyra von dieser ältesten Phase an bis zur Ausgleichung mit dem ionischen ohne Zweifel durchgemacht hat, belehren uns, freilich nur in sehr unvollkommener Weise, einige Inschriften jüngeren Datums. Als die älteste derselben bezeichne ich die zweizeilige Aufschrift einer sich nach oben etwas verjüngenden Steinsäule, offenbar eines Gränzsteines, welche in der Ἐφημ. Ἰόνιος 1845 N. 27 in Steindruck herausgegeben worden ist (vgl. auch Rangabé 356):

⊕ΡϹΟΕΗℲΑΡΟϹ
ΤΑΣΑΚΒℲΑΣ

---

*) [Dazu kommt jetzt noch die von Bergmann im Hermes II. S. 136 veröffentlichte linksläufige Grabschrift eines Xenares.]

Sie ist in der angeführten Nummer und den folgenden des Jour-
nals, wie auch von Rangabé hin und her besprochen worden, obwohl ihre Lesung und Deutung gar keinem Zweifel zu unterliegen
scheint. Maſsgebend ist für beides die sehr viel jüngere Aufschrift
gleichfalls eines Gränzsteines von Korkyra, welche schon Cyriacus
sah und die nach seiner Abschrift C. I. G. 1909 wiederholt ist:

OPBOΣIAPOYK
AIOΣIOY

d. h. offenbar ὁρβος ἱαροῦ καὶ ὀσίου. Jenes ὁρβος lehrt, daſs das
gemeingriechische ὅρος im korkyraeischen Dialekt ehemals ὁρϝος lau-
tete (vgl. das ionische οὖρος), und in der That ist das dritte Zeichen
der ersten Zeile der älteren Inschrift, C, nichts weiter als jene
Nebenform des F, welche z. B. aus den Tafeln von Heraklea und
einzelnen boeotischen Inschriften späterer Zeit hinreichend bekannt
ist. Daſs der Spiritus im Anlaute fehlt, ist sonach ganz in der
Ordnung und es darf uns der zufällige Umstand nicht irre machen,
daſs das T des Anfangs der zweiten Zeile etwas schlank gerathen
und vom Steinhauer in das gerade darüber stehende O mit seinem
Kopfe hinein gezogen worden ist. Die Bedeutung aller anderen
Zeichen ist klar und unzweifelhaft, so daſs das Ganze schlechter-
dings nicht anders als ὁρϝος ἱαρὸς | τᾶς 'Ακείας gelesen werden kann.
Wer an dem freilich sonst nicht bekannten Epitheton einer weiblichen Gottheit, 'Ακεία, Anstoſs nimmt, mag bis auf Weiteres mit
geringer Änderung des B in R 'Ακρίας lesen, eine Nebenform des
gewöhnlichen 'Ακραία, welche von Hesychios aufgeführt wird, mir
aber zweifelhaft erscheint. Abgesehen von dem C für F weisen
das Alpha mit horizontalem Querstrich, das bereits unten und oben
offene H und vor allem die Verwendung des Zeichens Σ an Stelle
des alten M auf eine sehr viel spätere Zeit, obwohl die eigenthümliche Gestalt des E als B festgehalten scheint und auch das Iota
noch nicht als einfacher senkrechter Strich, sondern in einer ganz
eigenthümlichen Modification auftritt, welche aus dem alten S
abgeleitet scheint und den Übergang von diesem zum einfachen
Striche darstellt *). Dieser findet sich denn auch schon auf einer

---

*) [Eine bessere Abschrift, welche Bergmann a. a. O. S. 139 mittheilt,
giebt zu Anfang die von den Vorgängern übersehenen Reste eines H und in
der zweiten Zeile statt des B das vermuthete R. Auch stellen sich die seltsamen Formen des I als auf bloſsen Beschädigungen des Steines beruhend
heraus. Die Inschrift lautet also nunmehr Ὅρϝος ἱαρὸς τᾶς 'Ακρίας.]

vielleicht gleichzeitigen, jedenfalls nicht viel jüngeren Inschrift eines
anderen korkyraeischen Gränzsteines, von dem mir eine Abbildung
auf einem in Corfu gefertigten (wahrscheinlich als Beilage zu einer
Nummer der dort erscheinenden ionischen Zeitung gehörigen) Stein-
drucke vorliegt, welche mit der Dixonschen, in Gerhard's Archaeologischer Zeitung 1846 auf Taf. XLVIII, 4 wiederholten, im Wesentlichen übereinstimmt, aber in einzelnen Punkten genauer ist *).
Auf dem Steinpfeiler befinden sich zwei Inschriften, von denen die
eine, nach der Abbildung zu schliefsen sowohl rechts als links vollständig erhalten, vertikal von unten nach oben eingehauen ist und
die somit linksläufige Zeile

ЗАТΑΙᗺΞᗺΛ

bildet. Die zweite läuft in horizontaler Richtung um die halbe Rundung des Pfeilers, näher dem oberen, als dem unteren der erhaltenen Enden, und lautet:

ΔΙΟƐΚΟΥΡΩΝ

Sie ist, wie man sieht, im ionischen Alphabet geschrieben, folglich
später hinzugefügt und hat mit der ersten, viel älteren, augenscheinlich Nichts zu thun. Diese kann nur als ein Wort Λεξιάτας oder
Λη̤ξιάτας gelesen werden, worin eine adjektivische Ableitung auf
-ήτης oder -άτας, von einem Eigennamen, zu erkennen ist, zu der
ὅρος zu ergänzen sein dürfte. Die Inschrift hält das korinthisch-
korkyraeische Ɋ statt E fest und erweist sich durch ihre linksläufige Richtung als ziemlich alt, zeigt aber nichts destoweniger
schon I und Ɛ statt der älteren Zeichen Ƨ und Ϻ. Noch etwas
jünger dürfte endlich das dritte der bezeichneten Denkmäler sein,
ein konisch zugespitzter Gränzpfeiler mit der rechtsläufigen Aufschrift

ᖘΟᗕƐᒋΥ⊠ΑΙΟƐ

welche C. I. G. 1577 und später wiederholt herausgegeben worden
ist. Nicht nur zeigt auch sie schon I und Ɛ, sondern auch das
Digamma, welches auf der Grabschrift des Arniadas in ἐϲϝαῖϲι sich
findet, ist in ῥόος nicht mehr geschrieben, was auf die Epoche einer
späteren Entwickelung des Dialektes hindeutet. Dagegen beweist
die Form des Theta mit dem Kreuze statt des jüngeren Punktes
im Kreise oder hier Quadrate, dafs wir es mit einer, verhältnifsmäfsig alten Inschrift zu thun haben. Man sieht aus alle dem

---

*) Vgl. besonders Vischer im Rh. Museum IX. S. 384.

wenigstens so viel, dafs, wie das korinthische, so auch das korkyraeische Alphabet die Zeichen Ƨ und M später mit I und Σ vertauscht hat, und dafs dies früher geschehen ist, als das B und Γ dem
E und B wich, was auch hier, wie in Korinth, noch vor der Reception des ionischen Alphabets geschehen sein wird, obwohl Belege
dafür sich bis jetzt noch nicht gefunden haben.

Schliefslich bemerke ich noch, dafs, wenn das Zeichen ↑, das
auf der jüngeren korkyraeischen Inschrift C. I. G. 1838 als Ausdruck für 10 Drachmen erscheint, dem alten Alphabete entlehnt
sein sollte, es nur als ein umgekehrtes Ψ betrachtet werden könnte
und einen Beweis für das ehemalige Vorhandensein dieses Ψ im
Alphabete, natürlich in der Bedeutung des ↓ĩ, nicht des χĩ, abgeben würde.

Spuren des korinthischen Alphabets finden sich, aufser auf
Korkyra, noch an zwei anderen Punkten, welche, wie wir wissen,
von Korinth aus kolonisirt worden sind. Zunächst auf Leukas.
Die einzige hier gefundene archaische Inschrift, bei Lebas II. n.
1040. p. 246 (Tf. VII, 23),

MIKV⊕AM

welche der Gestalt der Buchstaben nach zu schliefsen sehr alt ist,
enthält zwar kein einziges eigentlich charakteristisches Zeichen,
stimmt aber im Übrigen doch mit dem Gebrauche der älteren
korinthischen und korkyraeischen Inschriften in erwünschter Weise
überein. Zwar braucht sie neben M und ᛗ schon I statt Ƨ, doch
ist auch das auf älteren korinthischen Denkmälern oben nachgewiesen
worden und belegt nur die an sich nicht zu bezweifelnde Thatsache,
dafs die Entwickelung des Alphabets in den Colonien mit der in
der Mutterstadt gleiche Phasen gehabt und gleichen Schritt gehalten hat.

Ebenfalls in das Gebiet der korinthischen Ansiedelungen auf
der akarnanischen Küste gehört die Inschrift C. I. G. 1794 h, welche
zu Folge der unbestimmten Fundnotiz im nördlichen Akarnanien
gefunden sein soll und welche ich nicht mit Lebas (der II. n. 1057
p. 250 die Abschrift, nach der die Inschrift im C. I. G. gegeben
worden ist, nur einfach wiederholt) auf das amphilochische Argos,
sondern auf Anaktorion beziehen möchte, woher auch das ziemlich alte Bruchstück C. I. G. 1794 g (wiederholt bei Lebas II. n.
1049 p. 250) stammt. Damit verbunden werden kann die kurze
archaische Inschrift des akarnanischen Palaeros (Kekropula), welche

Henzey *(Le mont Olympe et l'Acarnanie* 1860. p. 491. n. 72) bekannt gemacht hat:

ÀΟΑΝΑϛ
ΔΙΟϹ

Das Alphabet dieser Inschriften, welches Col. XVII zusammengestellt worden ist, erweist sich durch die Form des Β für Ε und
des freilich wahrscheinlich verstümmelten oder verlesenen Ѵ in
βαγνάμενοι, wie für μαγνάμενον auch in der Grabschrift des Arniadas
geschrieben ist, auf der von Anaktorion für Β unzweideutig als
ein Ableger des korinthischen, obwohl sonstige charakteristische
Zeichen zufällig nicht vorkommen. Allerdings vewenden sie schon
I statt Ϛ und Ɛ statt Μ, auch wird ου in den Endungen durch einfaches Ο ausgedrückt, allein dies beweist eben nur, wie auch die
durchgängig rechtsläufige Richtung der Schrift, daſs sie erheblich
jünger sind, als die ältesten korinthischen und korkyraeischen, und
daſs das Alphabet in diesen Gegenden denselben Wandelungen
unterlegen hat, wie in der Mutterstadt.

Das korinthische Alphabet dürfen wir ferner für die älteren
Zeiten unbedingt auch als in Syrakusae gebraucht voraussetzen.
Leider besitzen wir als Belege der syrakusischen Schriftweise auſser
den älteren Münzlegenden und den beiden unbedeutenden Inschriften
von Akrae C. I. G. 5435 und 5458 nur ein einziges umfang-
reicheres Denkmal, die Aufschrift des zu Olympia gefundenen Helmes,
den Hieron aus der Beute der Schlacht bei Kyme, Ol. 76, 3, geweiht hatte, C. I. G. 16 (vgl. Rose *Inscr. Gr. vet.* Tf. VII, 1),
letzteres aber entschädigt einigermaſsen durch den sehr wichtigen
Umstand, daſs es sich sicher datiren läſst und einen zuverlässigen
Anhaltspunkt für eine ungefähre chronologische Bestimmung des
korinthischen Alphabets gewährt *). Zwar fehlen auf der bezeichneten Urkunde gerade die charakteristischen Zeichen des ξῖ und
des χῖ und läſst sich dieser Mangel auch andersher nicht ersetzen
(man müſste denn, was mir nicht unwahrscheinlich vorkommt, das
frühe Auftreten des Ξ in den Münzaufschriften aus nachchalkidi-

---

*) [Etwa aus derselben Zeit stammt die Inschrift auf einer der Treppen-
stufen des vor Kurzem aufgedeckten sogenannten Tempels der Artemis (richtiger des Apollo, oder beider) zu Syrakus, welche denselben Schriftcharakter
zeigt. Vgl. die Mittheilungen darüber bei Schubring *Über Akrae - Palazzolo*
in Jahn's Jahrbüchern 1864 Suppl. Tf. 6 und im Philologus 23, 361 ff., so
wie Hirzel im *Bulletino dell' inst. arch.* 1864 p. 91.]

scher Zeit des sicilischen Naxos, welches nach Vertreibung der chalkidischen Bevölkerung durch Hieron syrakusische und peloponnesische Ansiedler erhalten hatte *), auf syrakusischen Einfluſs zurückführen wollen); indeſs ist dies rein zufällig und kann die wohlbegründete Annahme nicht hinfällig machen, nach der wir in der Colonie das Alphabet der Mutterstadt voraussetzen. Überdem zeigt der Gebrauch des OV in der Endung, der auf der sehr alten und leider nur zu kurzen Grabschrift von Akrae C. I. G. 5458 begegnet, eine gewiſs nicht zufällige Übereinstimmung mit der oben· bemerkten Praxis der ältesten korinthischen und korkyraeischen Denkmäler. Die rechtsläufige Richtung der Schrift, I und Σ für S und M, vor allem aber der Gebrauch der gemeingriechischen Form des E für B, der indessen schon auf nicht jungen Denkmälern von Korinth beobachtet werden konnte, beweisen nur, daſs das Alphabet in Syrakus bereits in der 76. Olympiade in diejenige Phase seiner Entwickelung eingetreten war, welche auch auf den jüngeren Denkmälern von Korinth selbst und anderen seiner Colonien nachgewiesen worden ist. Da nun nicht anzunehmen ist, daſs Syrakus in dieser Hinsicht der Mutterstadt und dem Schwesterstaate Korkyra der Zeit nach bedeutend vorausgeeilt sei, es vielmehr mehr als wahrscheinlich ist, daſs diese Entwickelung sich auf dem ganzen Herrschaftsgebiete des Mutteralphabets mit einer gewissen Gleichmäſsigkeit vollzogen habe, so gewinnen wir aus der Vergleichung der älteren korinthischen und korkyraeischen Urkunden mit der syrakusischen Aufschrift des Helmes von Ol. 76, 3 die Gewiſsheit, daſs jene, als entschieden einem früheren Entwickelungsstadium des Alphabets angehörig, erheblich älter sind als diese Epoche. Es kann hiernach gar keinem Zweifel unterliegen, daſs Inschriften wie die Grabschriften des Menekrates und Amiadas dem sechsten Jahrhundert und zwar der ersten Hälfte desselben angehören, auf welche Zeit überdem der Kunststil der alten Vasen korinthischen Fabrikats, deren Inschriften derselben Entwickelungsstufe des Alphabets angehören, gleichfalls unzweideutig hinweist. Es ist dies eine Gewiſsheit, welche gegenüber den unbegründeten Zweifeln, welche sich Franz und Rangabé an dem hohen Alter dieser Denkmäler erlaubt haben, nicht nachdrücklich genug hervorgehoben werden kann, da die Widerlegung, welche ihnen Roſs hat angedeihen lassen und die in aller Weise eine vollkommen begründete ist, bei dem

---

*) Diodor XI, 49.

eigenthümlichen Standpunkte, den dieser verdiente Gelehrte in Fragen des früheren hellenischen Alterthums in einseitiger Weise behauptete, solchen, die sich mit der Sache nicht eingehender beschäftigt haben, als parteiisch, auch verdächtig erscheinen könnte. Es ist aber in der That an der Zeit, daß Monstrositäten, wie die Behauptung Rangabé's, die Grabschrift des Menekrates rühre aus den Zeiten nach dem Ende des peloponnesischen Krieges her, allgemein als das was sie sind, als Verirrungen, entstanden aus unverständiger Anwendung eines kritischen Princips, auf welches die bedächtige Vorsicht eines bahnbrechenden Geistes in den Anfängen der Forschung gegenüber einem unzulänglichen Materiale sich zum Besten derselben hatte geglaubt stellen zu müssen, anerkannt und bezeichnet werden.

23. Ob das korinthische, oder doch ein dem korinthischen nahe verwandtes Alphabet in früheren Zeiten auch in dem benachbarten Phlius gegolten habe, ist eine Frage, die bei dem eigenthümlichen Stande der Überlieferung derjenigen Denkmäler, auf die es dabei ankommt, unentschieden bleiben muß. Wir haben von dieser Stadt und ihrem Gebiete nur zwei archaische Inschriften, welche nach Fourmontschen Abschriften C. I. G. 21 und 37 herausgegeben worden sind, von denen aber die erste eine sichere Lesung nicht zuläßt. Die zweite, welche Fourmont in folgender Gestalt überliefert hatte:

.. ꓦＯＦꟼＯＢ ꟽＯＴＳＡＴꜢꟷꟷＥꓯ

las Boeckh δέξεται τὸν ὅρκον .. Das Ξ würde, von allem Anderen auch abgesehen, vollkommen genügen, das phliasische Alphabet der Reihe der bisher besprochenen hinzuzufügen und in die unmittelbare Nähe des korinthischen und argivischen zu stellen, leider aber ist die Existenz dieses Zeichens auf der Inschrift mindestens zweifelhaft; wenn es zu Fourmont's Zeiten noch zu lesen war, so existirt es wenigstens jetzt nicht mehr. Denn die späteren Abschriften von Roß (Reisen im Peloponnes I. S. 31; vgl. Rangabé 358b) und Lebas Tf. V, 3, mit denen eine mir vorliegende des Hrn. von Velsen in allem Wesentlichen genau übereinstimmt, lassen die sechs ersten Buchstaben fort, geben die Inschrift aber nach links hin vollständiger in folgender Gestalt (v. Velsen):

ꟷꓶꟼＯＡＳＴＯꓦＯＦꟼＯＢＴＳ

Der, nach der Abbildung bei Lebas zu schließen, regelmäßig behauene viereckige Stein, auf welchem sich die Inschrift befindet, steckt jetzt in der Aufsenmauer der Kapelle des H. Nikolaos (Despotikon) bei H. Georgios in der Nähe des alten Phlius, in verkehrter Stellung eingelassen, so zwar, dafs das beginnende S hart an der linken Kante steht. An derselben Stelle scheint ihn schon Fourmont gesehen zu haben ('*in ecclesia S. Nicolai τοῦ βωμοῦ, prope Phliuntem*'), weshalb die Annahme unmöglich erscheint, dafs die sechs Buchstaben, welche Fourmont im Anfange mehr hat, erst nach seiner Zeit verschwunden seien. Es scheint gerathener einen freilich nicht mehr aufzuklärenden Irrthum des Mannes anzunehmen, zumal da er auch zwischen dem T und dem ⊟ zwei Buchstaben (ΘM) giebt, welche nach dem übereinstimmenden Zeugnifs der Späteren auf dem Stein nicht stehen und auch nie gestanden haben können. Die Zugehörigkeit des alten Alphabets von Phlius bleibt hiernach wenigstens zweifelhaft.

24. Dasselbe gilt, freilich aus etwas verschiedenen Gründen, von dem Alphabete eines andern dorischen Staates der Peloponnes, nämlich der Insel Aegina, welches ich deshalb an keinem Orte passender zu besprechen und unterzubringen weifs, als auf der Scheide der beiden grofsen Reihen, und das hier so lange seinen Stand behaupten wird, bis die Entdeckung irgend eines epigraphischen Denkmales von hinreichend ausgeprägtem Charakter ihm eine entschiedenere Stellung anweisen wird, als die bisher bekannten. Steinschriften nämlich (denn die Aufschriften der hier gefundenen Vasen theils attischen theils korinthischen Fabrikates kommen natürlich nicht in Betracht) in dorischem Dialekte aus der Zeit vor Vertreibung der alten Bewohner und der Besetzung der Insel durch attische Kleruchen, Ol. 87, 2, auf die es allein ankommt, gehören auf Aegina zu den Seltenheiten. Wir kennen bis jetzt nur die Dedicationen C. I. G. 2138 (Rangabé 33. Lebas Tf. VI, 5) und 2138*d* (Rangabé 34. Lebas Tf. VI, 6), sowie die kurzen Grabschriften C. I. G. 2140*a⁶* (Rangabé 4. Lebas II. n. 1714. p. 388), 2140*a⁷* (Lebas II. n. 1713. p. 388), Rangabé 368 und 'Εφημ. ἀρχ. 2649. Sie gehören sowohl dem Charakter der Schrift, als der durchgängig rechtsläufigen Richtung derselben nach zu urtheilen sämmtlich der ersten Hälfte des fünften Jahrhunderts an. Leider reichen sie aber nicht aus, das Alphabet vollständig zu entwickeln (vgl. Col. XIX); es fehlen namentlich die charakteristischen Zeichen des ξῖ und χῖ, anderer Punkte, welche zweifelhaft bleiben, gar nicht zu gedenken; bis jene Zeichen auf einem Denkmale der angegebenen Periode nachgewiesen sind, mufs demnach die Stellung des Alphabets zu

den übrigen zweifelhaft bleiben, da es thöricht sein würde, den Mangel positiver Belege durch Erwägungen allgemeiner Art, wie der frühen Handelsbeziehungen der Insel zum Osten u. dgl., ersetzen und darauf allein Vermuthungen über den Charakter des Alphabets bauen zu wollen. [Den vermifsten Aufschlufs bringen einige von Hrn. Logiotatidis an Gerhard mitgetheilte altaeginetische Grabschriften:

1) ΤΑꟼΧꟼΨꟼ Μ   M[ε]νεκράτ[ης]
    ꟼ+ΙΨΙΟΦ   Φοῖνιχ[ς].
2) ΕVΑV ΜΛ+ΟꟅ   Εὐ[ρ]ύμ[α]χος
    Ν ΛΙΙΑΙΟΦ   Φοῖ[ν]ι[χς].

Also wurde χ durch +, Χ, ξ durch ΧꟅ, φ folglich durch ΦꟅ ausgedrückt und das aeginetische Alphabet nahm genau den Standpunkt des attischen ein.]

Ich schliefse hiermit die Untersuchung der Alphabete dieser ersten Reihe, indem ich meine Überzeugung ausspreche, dafs die Inschriften der Pembrokischen Sammlung, C. I. G. 34 und 38, von denen die erstere aus der Peloponnes stammen soll und deren Inbetrachtziehung aus gewissen Gründen der eine oder der andere in diesem Abschnitt meiner Arbeit erwarten könnte, so gut wie C. I. G. 43 moderne Fälschungen sind, über welche die epigraphische Wissenschaft unserer Zeit einfach zur Tagesordnung überzugehen hat.

II.
Die Alphabete des Westens.

1. Die Alphabete des Festlandes von Hellas.

Indem ich zur Darstellung der Alphabete der zweiten Reihe übergehe, betrachte ich zunächst diejenigen von ihnen, welche den Staaten des Festlandes von Hellas angehören, um sodann daran die der westlichen Colonien in Italien und Sicilien anzureihen. Es würde der geographischen Ordnung nach demgemäfs in erster Linie von dem chalkidischen Alphabete zu reden sein; da sich indessen bisher weder auf Euboea selbst, dessen archaische Inschriften vielmehr ohne Ausnahme von den attischen Kleruchen, welche zeitweise Theile der Insel besetzt hielten, herrühren, noch auf dem Gebiete der chalkidisch-eretrischen Ansiedelungen an der makedonischen Küste sich epigraphische Denkmäler gefunden haben, die

in die Zeiten vor der ausschliefslichen Herrschaft des ionischen
Alphabets hinaufreichten, unsere ganze Kenntnifs des chalkidischen
Alphabets vielmehr sich auf diejenige Gestalt desselben beschränkt,
welche uns in den Inschriften der westlichen Colonien. von Chalkis
auf italischem und sicilischem Boden entgegentritt, es aber aus
mehrfachen Gründen unthunlich erscheint, die Betrachtung derselben
von der der Alphabete der übrigen hellenischen Ansiedelungen in
diesen Gegenden zu trennen, so habe ich es für gerathener gehalten, seiner Besprechung weiter unten in dem, angedeuteten Zusam-
mephange ihre Stelle anzuweisen. Ich beginne demnach die Betrachtung der Alphabete des Festlandes von Hellas mit der der
mittelgriechischen, und zwar zunächst mit der des boeotischen.

1. Das boeotische Alphabet kennen wir aus Inschriften von Theben *), Orchomenos **), Lebadeia ***), Koroneia †), Thespiae und Umgegend††), Thisbe †††), Akraephion §), Tanagra
und Umgegend §§). Hierzu kommt die in Delphi gefundene Aufschrift der Basis von einer Statue oder besser eines Anathems §§§),

---

*) a C. I. G. 1637 (Lebas II. n. 522. p. 113). b Bursian bei Rangabé
2275 und im *Bullet. dell' inst. arch.* 1854. p. XXXIV, Vischer Epigr. und
arch. Beitr. S. 47. c Rangabé 321. d 322. e 323. f Ἐφημ. ἀρχ. 843. Rangabé 324. g Ἐφημ. ἀρχ. 844. Rangabé 366.

**) a C. I. G. 1639 (Leake *Travels in N. Greece* Tf. VIII 36. Rangabé
331). b C. I. G. 1643 (Leake VIII, 35. Rangabé 332). c Ἐφημ. ἀρχ. 796.
Rangabé 364. d Ἐφημ. ἀρχ. 799. Rangabé 333. e Ἐφημ. ἀρχ. 814. Rangabé
335. f Ἐφημ. ἀρχ. 816. Rangabé 357.

***) a C. I. G. 1678 b. b Rangabé 325. c 337.

†) a Rangabé 35. Lebas II. n. 670. p. 149. b-e Lebas II. n. 671-74.
p. 149. Keil *Syll. inscr. Boeot.* n. LVI. a. b. c. p. 168.

††) a C. L. G. 1640 (Leake XVII, 79). b 1644 (XIX, 86). c 1646
(XIX, 89). d 1649 (XIX, 90). e 1650 (XIX, 85). f Rofs *Epistola ad Boeck-
hium.* 1850. p. 11. g Rangabé 326. h 327. Keil LXII. p. 173. i Rangabé
328. k 329. l 330. m Keil LXII. a. p. 173. Lebas II. n. 425. p. 90. n Keil
LIII. a. p. 165.

†††) a C. I. G. 1592. b Rangabé 31.

§) a Ἐφημ. ἀρχ. 787. Rangabé 363. b Lebas II. n. 596. p. 129.

§§) a C. I. G. 1599. b 1642 (Leake XV, 67). c 1647 (XV, 72). d
Keil LX. g. p. 171. Lebas II. n. 274. p. 120.

§§§) Die durch einen Bruch rechts verstümmelten Worte scheinen nämlich
folgendermafsen ergänzt werden zu müssen: .... αλος ὁ Πολ[.... ἀνέϑηκ]|
Βοιώτιος ἐξ Ἐρχομ[ενῶ.] | Ὑκατόδωρος, Ἀριστο[γιίτων] | ἐκοιησάταν Θηβαίω
oder Θηβαῖο[ι].

welches ein Mann von Orchomenos gestiftet hatte und als dessen
Verfertiger sich zwei thebanische Künstler nennen, C. I. G. 25.
Über die naxische Inschrift des Grabreliefs von Orchomenos, welche hier nicht in Betracht kommt, ist oben das Nöthige bemerkt
worden. Alle diese Inschriften sind in ein und demselben Alphabete geschrieben und genügen, obwohl sie fast ohne Ausnahme nur
Grabschriften von geringem Umfange sind, bei ihrer Anzahl doch
vollkommen, um das Alphabet aus ihnen ziemlich vollständig zu
entwickeln, wie es auf Col. I der zweiten beigegebenen Tafel dargestellt worden ist. Das Zeichen des Zeta fehlt sicher nur zufällig, vielleicht auch das Koppa, obwohl dies zweifelhaft bleiben mufs.
Der Gebrauch des Vau war im boeotischen Dialekte ein ziemlich
verbreiteter und lange festgehaltener, wefshalb selbst nach der Reception des ionischen Alphabets das Zeichen desselben noch im Gebrauch geblieben ist, wie zahlreiche Inschriften der späteren Zeiten
beweisen. Ein Zeichen für die Lautverbindung ψ hat das Alphabet
wahrscheinlich nie besessen, da selbst der Laut des ξ in manchen
Fällen durch χσ ausgedrückt wird (Inschriften von Orchomenos *a*,
Thisbe *b* und die delphische), obwohl das Zeichen ✛ daneben bekannt und auch im Gebrauche war (vgl. die Inschriften von Theben
g, Thespiae *h*, Lebadeia *a* und Koroneia *b*). Es ist dieses Schwanken offenbar die Folge einer ähnlichen zurückhaltenden Sprödigkeit, wie sie im naxischen und attischen Alphabete begegnete, und
nicht etwa durch die scheinbar naheliegende Annahme zu erklären,
dafs die Inschriften mit χσ älter seien, als die, welche schon ✛
verwenden. Denn jenes χσ findet sich noch auf derjenigen unter
diesen Inschriften, welche, wenn nicht die jüngste, doch jedenfalls
eine der jüngsten ist, der delphischen nämlich, C. I. G. 25. Das
Anathem, auf dessen Basis sie stand, war nach ihrer eigenen Angabe von den Thebanern Hypatodoros und Aristogeiton verfertigt
worden. Die Blüthe des ersteren setzt Plinius (XXXIV, 19) in
die 102. Olympiade. Er hat aber entschieden schon vor dieser Zeit
gearbeitet und nicht unbedeutende Werke geliefert. So sah Pausanias (X, 10. 3 - 4) zu Delphi von ihm und seinem auch auf unserer
Inschrift genannten Mitarbeiter Aristogeiton eine Darstellung der
Sieben gegen Theben, ein Weihgeschenk, welches die Argiver aus
der Beute eines Gefechtes bei dem argolischen Oenoe geweiht haben
wollten, in welchem sie, unterstützt von athenischen Hülfstruppen,
die Lakedaemonier besiegt hatten. Dieses Gefecht ist zwar sonst-
her nicht bekannt, kann aber der Lage der Umstände nach nur in

dem sogenannten korinthischen Kriege vorgefallen sein. Jene Arbeit der beiden thebanischen Künstler gehört folglich spätestens in den Anfang der 98. Olympiade. Auch das delphische Anathem kann also in dieser etwas früheren Zeit gearbeitet sein. In der That gehört es, da der Stifter desselben sich in der Aufschrift einen 'Boeoter aus Orchomenos', und nicht einfach einen 'Orchomenier', wie die Künstler sich selbst 'Thebaner', nennt, nothwendig in die Zeiten des Bestehens des boeotischen Bundes unter thebanischer Oberhoheit und vor die Zerstörung von Orchomenos durch die Thebaner Ol. 103, 2, also entweder in die Zeit vor dem antalkidischen Frieden und somit spätestens in den Anfang der 98. Olympiade, oder in die Zeit nach Wiederunterwerfung der boeotischen Städte unter die Herrschaft von Theben bis zu jener Zerstörung, Ol. 100, 4—105, 1. Unter diesen Umständen sehe ich keine Veranlassung mit Boeckh den Gebrauch des boeotischen Alphabets in der Inschrift für eine archaisirende Ziererei zu halten, da es gar nicht undenkbar ist, dafs die Reception des ionischen Alphabets in Boeotien einige Olympiaden später erfolgte, als dies in Athen und sonst der Fall gewesen ist, und Thatsachen, welche gegen eine solche Annahme sprächen, nicht bekannt sind [*]). Auch der rohe Charakter der Schriftzüge, der viele Ähnlichkeit mit dem der thespischen Inschrift *f* hat, ver räth Alles eher, als bewufste Künstelei. Auf alle Fälle gehört die Inschrift zu den jüngsten, wenn auch die übrigen, welche mit Ausnahme der tanagraeischen *c*, die einen Ansatz zu furchenförmiger Anordnung der Zeilen zeigt, sämmtlich rechtsläufig geschrieben sind, nicht nothwendig erheblich älter zu setzen sind, und liefert den Beweis, dafs in Boeotien bis in die späteren Zeiten der Anwendung des epichorischen Alphabets χ_{τ} für ξ neben + geschrieben wurde. Sie lehrt ferner, indem sie den Zischlaut regelmäfsig durch S bezeichnet, dafs dieses Zeichen, welches auch auf den übrigen Inschriften (auch in umgekehrter Stellung als $\mathsf{2}$) das gewöhnliche ist, sich neben dem seltener vorkommenden S bis in die spätesten

---

*) Zwar hält es Böckh für möglich und Rofs Hellenica I, 1. p. XVIII Anm. 28 behauptet, dafs die grofse Inschrift von Orchomenos C. I. G. 1569, welche im ionischen Alphabete geschrieben ist, in die Zeiten des peloponnesischen Krieges gehöre; indessen ist dies weder erwiesen noch erweislich, vielmehr zeigt die junge Form des Sigma, Σ, dafs die Urkunde sehr viel jünger, jedenfalls nicht älter als Ol. 111 ist. Die Beibehaltung der älteren Zahlzeichen kann als Beweis dagegen nicht geltend gemacht werden.

Zeiten gehalten hat und nicht, wie in den attischen Inschriften und sonst, durch das letztere verdrängt worden ist, weshalb aus seinem Vorkommen ein Schlufs auf das relative Alter einer boeotischen Urkunde nicht gezogen werden kann. Dagegen mag das verein-fachte Θ, dessen sich die delphische Inschrift bedient, wie auch sonst, jüngeren Gebrauches sein, als ⊕ oder ⊞, das auf anderen begegnet, und es steht nichts im Wege nach Analogie der ähnlichen Erscheinungen auf anderen Schriftgebieten, die Inschriften mit ⊕ (Theben *f*, Thisbe *a*, Lebadeia *a*) für älter zu halten, als die mit Θ (aufser der delphischen Thespiae *i* und *l*).

Charakteristisch für das bocotische Alphabet ist die eigenthümli-che mit der attischen (und chalkidischen) übereinstimmende Gestalt des Lambda, ↳, welche auf den Inschriften so sehr Regel ist, dafs die einmal auf der Inschrift von Lebadeia *a* erscheinende Form ∧ nothwendig auf Rechnung einer Ungenauigkeit des Abschreibers zu bringen ist, zu-mal da auf derselben Inschrift daneben auch ↳ vorzukommen scheint.

2. Das Alphabet von Phokis erscheint in seiner älteren Ge-stalt auf der berühmten furchenförmigen Inschrift des Altares von Krissa, C. I. G. 1 *). Aus späterer Zeit haben wir, aufser den ganz kurzen und zum Theil fragmentirten Inschriften von Ambrysos bei Rofs *Inscr. Gr. inedd.* I. n. 80. p. 84 (Rangabé 2222. Lebas II. n. 979. p. 234 und Tf. VII. 19), Stiris Rangabé 339 (Lebas II. n. 996. p. 237), Delphi bei Lebas II. n. 968. p. 232 nur eine einzige gröfsere, die erst kürzlich im *Bulletino dell' inst. arch.* 1861. p. 135 publicirte delphische Fels-inschrift. Es erschien nothwendig die Formen jener älteren Urkunde von denen der jüngeren gesondert zu halten, wie in Col. II der Tafel geschehen ist. Die nicht zu belegenden Zeichen fehlen nur zufällig, vielleicht selbst das Koppa; ob das Alphabet zu irgend einer Zeit ein ↓ aufgenommen und verwendet hat, mufs dahin ge-

---

*) Wozu die Addenda zu vergleichen. Eine genauere Abschrift, als die dort benutzten, verdanken wir Ulrichs (Reisen und Forschungen in Griechen-land I. S. 31. Abhandl. der hist. phil. Klasse der bairischen Akad. d. Wiss. 1840. III, 2 (Band XVIII). *Annali dell' instituto arch.* 1848. p. 57 *tav. d' agg. A*; vgl. Lebas Tf. V, 3 und XII. F. n. III). Ich benutze aufserdem eine vollständige und genaue Copie, welche sich in O. Müllers Tagebuche gefunden hat, so wie eine weniger genaue des Hrn. v. Velsen. Leider ist das Denkmal später zerschlagen worden und die Inschrift nicht mehr vollständig vorhanden. Was auf dem Reste davon jetzt noch gelesen werden kann, giebt St. Kuma-nudis Δήλωσις περὶ δύω ἐπιγραφῶν 1858 (vgl. Bergk in Jahn's Jahrb. für Phil. und Paed. 1859. S. 189. 190).

stellt bleiben. Eine absolute Zeitbestimmung ist für keine dieser Inschriften zu gewinnen; doch kann der Altar von Krissa mit seiner Aufschrift keiner späteren Zeit, als dem sechsten Jahrhundert angehören, wie aus der furchenförmigen Anordnung der Zeilen und dem alterthümlichen Charakter der Schriftzeichen zur Genüge hervorgeht.

3. Das Alphabet der ozolischen Lokrer kennen wir vollständiger als irgend eines dieser Reihe aus der Inschrift der beiden Seiten eines Erzblattes, welches zu Galaxidi, dem alten Oeantheia, am krissaeischen Meerbusen gefunden wurde und in den Besitz des Ritters Woodhouse auf Corfu gelangte. Es enthält die Bruchstücke eines Vertrages zwischen den lokrischen Städten Chaleion und Oeantheia und ist am zugänglichsten in der Publikation von Rofs (Alte lokrische Inschrift von Chaleion oder Oeanthea. Leipzig 1854) oder Rangabé 356 *b*, welche beide auf ihren Tafeln die Darstellung der Originalausgabe von Oekonomides wiedergeben. Eine zweite, an demselben Orte gefundene und jetzt ebenfalls in der Woodhouseschen Sammlung befindliche Bronze, welche sich auf Naupaktos bezieht, soll später von demselben Oekonomides auf Corfu herausgegeben worden sein, ist mir aber bis jetzt noch nicht zu Gesichte gekommen. Das Alphabet jener ersten, uns allein zugänglichen, unterscheidet sich zwar in Nichts von den übrigen verwandten, zeichnet sich aber dadurch aus, dafs es bis jetzt das einzige der ganzen Reihe ist, in welchem ein besonderes Zeichen für das ψi sich nachweisen läfst. In palaeographischer Beziehung merkwürdig ist ferner die Inschrift durch den Umstand, dafs die Vorderseite bis zum Anfange der vorletzten Zeile von einer anderen Hand geschrieben ist, als der Rest der beiden letzten Zeilen und die ganze Rückseite, welche sich als das Produkt einer und derselben, aber von jener ersten deutlich zu unterscheidenden zweiten Hand darstellen, und dafs diese beiden Hände einer merklich verschiedenen, offenbar individuellen Schreibgewöhnung folgen, weshalb in Col. III ihre Alphabete von einander getrennt und unter *a* und *b* nebeneinander gestellt worden sind. Der zweite Schreiber zieht den Querstrich des Alpha regelmäfsig von links nach rechts hinauf, während der erste ihn von links nach rechts herabzieht, jener braucht ⟨ für Γ, M für M, N für N, welche Formen der erste bevorzugt, und giebt dem O und dem ⊙ regelmäfsig dieselbe Höhe, wie den übrigen Buchstaben, während der erste beide Zeichen kleiner schreibt. Aufserdem braucht letzterer neben der auch ihm geläufigen jüngeren Form des ⊙ (viermal) wenigstens einmal die ältere ⊕. Endlich

interpungirt der erste regelmäfsig mit drei, der zweite mit nur zwei
Punkten. Und doch stammen beide Partien sicher nicht aus verschiedenen Zeiten. Und doch stammen beide Partien sicher nicht
aus verschiedenen Zeiten. Man sieht eben, dafs das Denkmal in
eine Übergangsperiode gehört, in der verschiedene Formen neben
einander hergingen und der Gebrauch sich für die eine oder die
andere noch nicht völlig entschieden hatte.

Was die Epoche der Inschrift betrifft, über die der Inhalt
derselben keine Auskunft giebt, so ist Rofs sicher im Irrthum,
wenn er meint, dafs sie in das siebente Jahrhundert gehören könne.
Viel besonnener urtheilte der erste Herausgeber, welcher sich dahin
erklärte, dafs sie nicht unter das fünfte Jahrhundert herabgerückt
werden dürfe. In der That lehrt die rechtsläufige Richtung der
Schrift im Verein mit dem Gebrauche der jüngeren Formen des Θ
und des geöffneten H, dafs wir es mit einem Denkmal von nicht
allzuhohem Alter zu thun haben. Darauf deutet auch der Umstand,
dafs das Koppa schon aufser Gebrauch ist; wenigstens findet sich
in Worten, wie ὅρκος und ὁρκωμόται, in denen man es der Analogie
nach erwarten sollte, wenn es überhaupt noch geschrieben wurde,
nicht verwendet, sondern dafür κ geschrieben. Ich glaube nicht,
dafs ihrem palaeographischen Charakter nach die Inschrift weit über
den Anfang des peloponnesischen Krieges hinaufdatirt werden kann,
und halte es sogar für möglich, dafs sie noch etwas jünger ist. Die
Unbeholfenheit, welche der Zug der Schrift zu verrathen scheint,
ist nicht ein Anzeichen höheren Alters, sondern hat ihren Grund
in der Beschaffenheit des zur Aufzeichnung verwendeten Materials,
ganz wie dies auch bei der Erztafel von Olympia der Fall ist,
welche sogar den Eindruck noch viel gröfserer Rohheit und Unbe-
hülflichkeit macht.

Aus den übrigen Theilen von Nord- und Mittelgriechenland,
Thessalien, Aetolien und Akarnanien, sind mit Ausnahme der korinthischen Colonien an der akarnanischen Küste, deren epigraphische
Denkmäler oben bereits besprochen worden sind, archaische Inschriften bis jetzt nicht bekannt. Ich wende mich demnach zu den
Alphabeten der Peloponnes, die aufser dem korinthischen und argivischen, welche bereits ihre Stellen gefunden haben, sämmtlich dieser zweiten Reihe angehören, und betrachte zunächst das lakonische,
welches in den Zeiten, über welche unsere Kenntnifs sich erstreckt,
selbstverständlich auch für Messenien gegolten hat.

4. An altlakonischen Inschriften finden sich aus Fourmont's Papieren im C. I. G. die Nummern 13. 15. 35 (in besserer Abschrift bei Rofs *Inscr. inedd.* I. n. 47. p. 13. 14). 42, aufserdem das von Leake zuerst abgeschriebene Bruchstück von Gytheion 1469 (Leake *Travels in the Morea* III. n. 28. Rofs *Inscr. inedd.* I. n. 52. p. 16. Lebas in der *Revue arch.* II, 1. 1845. p. 213. Tf. 25. n. 4 und *Voyage arch.* Tf. IV, 11 und II. n. 238. p. 49). Hierzu kommen von den später gefundenen zunächst zwei sehr alterthümliche, leider aber noch nicht entzifferte Bustrophedoninschriften von Sparta selbst, die eine herausgegeben von Rofs (Arch. Aufs. I. S. 7; vgl. Rangabé 316. Lebas Tf. II, 1), die andere von Velsen (Archaeol. Anz. 1855. S. 74°). Jünger sind die beiden ebenfalls spartanischen Fragmente bei Leake (*Travels in the Morea* III. n. 71. 72 und 52), von denen das erste mit Benutzung einer Abschrift aus dem Tagebuche des Erasmus v. Seidel eingehend von Keil (*Anall. epigr.* p. 85. sqq.) besprochen, das andere auch von Rofs (*Inscr. inedd.* I. n. 33. p. 12) und Lebas (*Revue arch.* I, 2. 1844—45. p. 718 und *Voy. arch. inscr.* II. n. 201. p. 37. Tf. VI, 16) herausgegeben worden ist. Aus Sparta selbst stammt noch die Aufschrift einer Opferschale bei Lebas (*Revue arch.* I, 2. p. 721 und *Voy. arch.* Tf. VI, 3), so wie die Weihinschrift bei demselben *Voy. arch.* Tf. VI, 18 und das ganz unbedeutende Fragment II. n. 200. p. 37. Bedeutender sind die Bruchstücke zweier Namensverzeichnisse von Geronthrae, das ältere publicirt von Lebas in der *Revue arch.* II, 1. 1845. p. 71. Tf. 25, 2 und *Voy. arch.* Tf. II, 5 (vgl. Rangabé 317), das andere ebenda p. 72. Tf. 25, 1 und *Voy. arch.* Tf. III, 4. Alle diese Stücke sind indessen von geringem Umfange und keines kommt selbst in epigraphischer Beziehung an Wichtigkeit einer Urkunde gleich, die obwohl angeblich bei Tegea gefunden doch jedenfalls in Dialekt wie Schrift als lakonisch zu betrachten ist. Ich meine das nur aus Fourmont's Papieren bekannte Bruchstück C. I. G. 1511. Dasselbe enthält ein Verzeichnifs von' Natural- und Geldzahlungen, welche die Bundesgenossen der Lakedaemonier denselben zu 'Zwecken des Krieges' (κοττὸν πόλεμον) geleistet haben, in elf ganz oder zum Theil erhaltenen Posten; ein vermuthlich sehr viel gröfserer Theil des Verzeichnisses ist verloren gegangen. Dafs der Dialekt des Bruchstückes nicht der tegeatische sei, war schon aus den wenigen bisher bekannten Resten des letzteren zu entnehmen und ist in neuerer Zeit aufser Zweifel gestellt worden durch das umfangreichere, zu Tegea gefundene Fragment einer Bauordnung, welches am genausten von Michae-

lis in Jahn's Jahrb. für Phil. und Päd. 1861. S. 585 ff. herausgegeben worden ist. Dagegen stimmen alle bemerkenswerthen
dialektischen Eigenthümlichkeiten so genau zu dem des lakonischen
Dialektes, dafs Ahrens (*de dial.* II. S. 8) mit vollem Rechte das
Bruchstück als lakonisch in Anspruch genommen hat. Auch epi-
graphisch ist es daher nicht als eine Probe tegeatischer, sondern
lakonischer Schreibweise zu betrachten. Dafs es zu Tegea gefunden worden ist, mag auffällig erscheinen, kann aber seine Zugehörigkeit nicht einen Augenblick zweifelhaft machen; es bleibt, wenn
eine andere Erklärung sich nicht darbieten sollte, immer die Möglichkeit offen, dafs es verschleppt worden ist. Die Fourmontsche
Abschrift ist leider in mehrfacher Beziehung ungenau, läfst sich
aber in Ansicht der Buchstabenformen mit Hülfe der anderen oben
aufgeführten Inschriften ohne Schwierigkeit kontrolliren und berichtigen. So stand sicher nicht auf dem Steine M und N, sondern M
und Ν. Wenn ferner die Bedeutung des Zeichens X (oder +) zu
schwanken scheint, so ist dies ohne Zweifel auf Fehler der Abschrift zurückzuführen. Z. 20 ist damit in ganz normaler Weise
der Laut des ξ bezeichnet in MYPI..FEXE, was unbedingt μυρί-
[ους oder ας] ϝεξή[κοντα] zu lesen und zu ergänzen ist, woran Niemand zweifeln wird, der sich der aus den Tafeln von Heraklea
bekannten Formen ϝίξ, ϝίκτος, ϝεξήκοντα, ϝεξακάτιοι erinnert. Damit
stimmt, dafs Z. 12 in ...αχι[σ]χειλίους und Z. 19 in ...ισχειλίους der
Laut des χῖ durch das Zeichen Υ vertreten ist, welches auch Z. 2
vermuthlich in derselben Bedeutung vorkommt. Wenn wir aber im
Widerspruche damit Z. 22 XIΛIOYΣ überliefert finden, so kann man
uns nicht zumuthen, dies für richtig zu halten; wir sind vielmehr
zu der Annahme berechtigt, dafs Fourmont fälschlich XIΛIOYΣ für
ΥΕΛIOΣ gelesen habe, was auf dem Stein deutlich oder undeutlich
gestanden haben wird *). Es ist defshalb nicht zulässig, in dem
verstümmelten und unverständlichen Reste von Z. 6 das Zeichen X
als χῖ zu fassen, oder zu Anfang von Z. 8 das verlesene TON+ION
als τῶν Χίων zu deuten, so wenig, wie Z. 12 das ganz dunkele
und unverständliche AΣTΛXIΔOΣ ohne Weiteres für ἀττάχιδος zu

---

*) Ähnlich bietet auf dem einen Steine von Geronthrae, der in Ἀρχίβιος
und Ἀρχίας zweimal deutlich den Laut des χῖ durch Ψ bezeichnet, Z. 2 die
Lebassche Abschrift in ////KIMAXOS, was doch [Ἀλ]κίμαχος zu sein scheint,
dafür ein X; es unterliegt aber nicht dem mindesten Zweifel, dafs dies aus Ψ
oder Υ verlesen ist, wenn anders damit wirklich ein χῖ gemeint sein soll.

nehmen, wozu man nur dann berechtigt wäre, wenn diese Lesung einen deutlichen und klaren Sinn ergäbe und nicht ein Wort zu Tage förderte, das weder sonst bekannt noch überhaupt verständlich ist. Vielmehr hat der Versuch einer Lesung oder Verbesserung in allen diesen Fällen von der Voraussetzung auszugehen, dafs das X oder +, wofern es 'nicht verlesen ist, den Werth des ξ habe oder erhalten müsse. Die anderen zahlreichen Fehler der Abschrift sind für die Darstellung des Alphabets von keiner Bedeutung *). Eine besondere Wichtigkeit erhält nun die Inschrift durch den Umstand, dafs sie unter den bisher aufgeführten lakonischen die einzige ist, welche sich wenigstens annähernd datiren läfst. Auf der zweiten, schmaleren Spalte nämlich werden zweimal unter denen, welche an die Lakedaemonier Geldbeiträge zum Kriege geleistet haben, die Μάλιοι genannt, welches nur die Bewohner der Cyklade Melos sein können. Da nun diese Insel von Ol. 91, 1 bis zu Ende des peloponnesischen Krieges Ol. 93, 4 von attischen Kleruchen besetzt war und diese unter den Zahlenden nicht verstanden werden können, da ferner es bedenklich erscheint, die Urkunde unter das Ende jenes Krieges herabzurücken, weil um diese Zeit das ionische Alphabet auch in Sparta Eingang gefunden haben dürfte, auch die geschlossene Form des η, auf eine frühere Zeit deutet, so ist die höchste Wahrscheinlichkeit dafür, dafs die Urkunde vor Ol. 91, 1 zu setzen ist, in welchem Falle unter dem Kriege, zu dessen Führung die verzeichneten Beisteuern geleistet worden sind, am wahrscheinlichsten der sogenannte archidamische zu verstehen ist, obwohl dies natürlich keineswegs sicher ist. Sie kann dem Charakter des Alphabets nach sogar noch bedeutend älter sein, wie die Vergleichung mit einer sicher datirten Urkunde beweist, 'welche ich weiter unten zu besprechen haben werde.

Zu dem aus der Gesammtheit aller dieser Inschriften ziemlich vollständig zu entwickelnden Alphabete ist, aufser dafs von einem ψ sich keine Spur findet und das Koppa wenigstens zur Zeit der Tegeatischen Inschrift nicht mehr in allgemeinem Gebrauch gewesen sein kann, da sich sonst Schreibungen wie τριάκοντα mit κ nicht finden würden, wenig zu bemerken, da sich nur eine nennenswerthe Variante findet. Denn das Ⴑ, welches auf der spartanischen Weih-

---

*) Beiläufig sei bemerkt, dafs Z. 16 der ersten Spalte das überlieferte VΔΙΟΤΙΤΑΤΑΛΛΑΝΤΑ nicht διότι τὰ τάλαντα zu lesen, sondern in [ἀργ]υ-[ρ]ίου τ[ρί]α τάλαντα zu verbessern ist.

inschrift bei Lebas Tf. VI, 18 einmal statt des zahlreich bezeugten Λ erscheint, ist, wenn die Inschrift wirklich lakonisch ist und nicht etwa von einem Fremden herrührt, einfach als aus falscher Lesung entstanden zu beseitigen. Anders verhält es sich mit dem Vorkommen einer dreifachen Bezeichnung des Zischlautes, durch ≷, ϟ und ϟ, welches an sich nichts Auffälliges hat und dem gegenüber nur die Frage in Erwägung kommt, ob diese drei Zeichen gleichzeitig neben einander im Gebrauche gewesen, wie im boeotischen Alphabete wahrscheinlich ϟ und ϟ, oder das eine das andere abgelöst hat und ≷ und ϟ in diesem Sinne älter sind als ϟ, wofür ebenfalls Analogien vorliegen. Nun findet sich das Zeichen ≷ oder ≷, welches bereits auf einer der Inschriften von Abu Simbel neben dem ϟ begegnete, nur auf den beiden Bustrophedoninschriften und der rechtsläufigen C. I. G. 15, das ϟ oder ≷ auf der linksläufigen C. I. G. 35, Lebas Tf. II, 5 und VI, 3 und von den rechtsläufigen in C. I. G. 13, Lebas Tf. III, 4 und vielleicht auch C. I. G. 42, wo indessen das ≷ zweideutig ist und ebensowohl in ϟ als in ≷ verbessert werden kann. Auf den übrigen rechtsläufigen, vier an der Zahl (denn das Bruchstück bei Leake n. 52 hat den Zischlaut nicht), herrscht durchgängig das ϟ. Es ist sonach mit ziemlicher Wahrscheinlichkeit anzunehmen, daſs beide Formen im Gebrauche nicht bis zuletzt neben einander hergingen, sondern ≷ und ϟ allmälig schwanden und dem in den späteren Zeiten allein üblichen ϟ Platz machten.

Daſs das ϟ schon gegen das Ende der 75. Olympiade das gewöhnliche war und folglich die Mehrzahl der Inschriften, welche ≷ oder ϟ zeigen, vor diese Epoche zu setzen ist, lehrt ein epigraphisches Denkmal, über welches einige Bemerkungen hinzuzufügen ich an dieser Stelle nicht umgehen kann, die Aufschrift näm-, lich des Schlangengewindes auf dem Atmeidan zu Constantinopel, einst des Trägers des goldenen Dreifuſses, den die Hellenen aus der plataeischen Siegesbeute zu Delphi geweiht hatten, wie sie am vollständigsten und genausten von Frick im 3. Supplementbande von Jahn's Jahrb. für Phil. und Paed. 1857-60. S. 487 ff. herausgegeben worden ist. [Vgl. Dethier und Mordtmann Epigraphik von Byzantion I. 1864. S. 3 ff.] Dieses Verzeichniſs von Staaten, welche sich am Unabhängigkeitskampfe betheiligt hatten, ist der Überlieferung nach auf Befehl der Lakedaemonier nachträglich, aber schwerlich später als in der 76. Olympiade, auf das Denkmal eingetragen worden, wefshalb die Inschrift nicht anders als lakonisch

sein kann, womit Dialekt und Alphabet derselben auf das Beste
stimmen. Denn dafs die anderen lakonischen Inschriften dem
Gamma die Form Γ geben, während es auf unserer Inschrift als
C erscheint, ist von gar keiner Bedeutung; jenes C ist eine abgerundete Form für ‹, und dafs Γ und ‹ in Alphabeten dieser Reihe neben einander im Gebrauch waren, davon hat die oben
besprochene lokrische Inschrift ein recht schlagendes Beispiel geliefert. Ich könnte hiermit abbrechen, wenn nicht einem Bedenken
zu begegnen wäre, welches aus der angezweifelten Authenticität des
Denkmals hergeleitet werden könnte. Bekanntlich hat nämlich Hr.
E. Curtius die Behauptung aufgestellt, das eherne Schlangengewinde
auf dem Atmeidan, weit entfernt aus der 76. Olympiade zu stammen, sei vielmehr ein Product byzantinischer Kunstübung aus dem
Ende des vierten Jahrhunderts unserer Zeitrechnung und die Inschrift eine flüchtige und ganz ohngefähre Copie einer Copie des
nie aus Delphi weggeschafften Originals. Allein diese Behauptung
stützt sich in Ansehung der Inschrift auf Gründe, welche ich als
völlig nichtig und hinfällig bezeichnen mufs. Hr. Curtius beanstandet, dafs das Ἀπόλλωνι der Überschrift mit einfachem Lambda geschrieben sei und dafs das E eine bald senkrechte, bald etwas nach
rechts geneigte Stellung habe, ferner, dafs in Φλιάσιοι der Vocal
der ersten Sylbe mit ιι statt ι geschrieben sei, was an byzantini-
sche Weise erinnern soll. Letzteres Bedenken hat er indessen bald
darauf selbst wieder zurückgezogen, und über die beiden ersten weifs
ich weiter Nichts zu sagen, als dafs ich mich höchlich wundern mufs,
dafs sie von einem Sachverständigen überhaupt nur haben erhoben werden können. Gegründeter ist, was Hr. Curtius gegen die von Frick
als Ἀπόλλωνι Θεῷ ἀνάθημα τῶν Ἑλλάνων gelesene zweizeilige Überschrift bemerkt hat, von der unbedingt zuzugeben ist, dafs sie diese
Fassung nicht in der 76. Olympiade erhalten haben kann; allein
seine gegründeten Einwendungen treffen lediglich die Ergänzung
und die Fassung, welche Frick ihr gegeben hat, keineswegs aber
die zu seiner Zeit allein mit Sicherheit gelesenen Reste

ΑΓΟΛΟΝΙ⊗ΕΟ/////////
ΑΝΑ⊙ΕΜΑΤΟΝ /////////

welche vollkommen unanstöfsig sind und die Göttling mit gutem
Rechte zu dem Hexameter Ἀπόλλωνι Θεῶ[ι στάσαντ'] | ἀνάθημ' ἀ[π]ὸ
[Μήδων] ergänzt hat, gegen den weder Herr Curtius noch sonst
Jemand etwas Begründetes einzuwenden im Stande sein dürfte.

Abgesehen hiervon liefert die Inschrift in den Eigenthümlichkeiten
des Dialektes und der Schrift die positivsten Beweise ihrer Ächtheit, so daſs ein vorurtheilsloser Beurtheiler keinen Augenblick
darüber zweifelhaft sein kann, daſs sie nicht erst gegen das Ende
des 4. Jahrhunderts n. Chr. gemacht sein kann, sondern, wenn sie
nicht Original sein sollte, die treueste und zuverlässigste, keineswegs
nur oberflächliche, Copie des wirklichen Originales sein' müſste.
Ich bin in der Lage gewesen, einen Gypsabguſs des Denkmals,
welchen IIr. Strack aus Constantinopel mitgebracht hat und der im
hiesigen Kgl. Museum aufgestellt zu werden bestimmt war, betrachten und die Theile der Inschrift, welche auf den untern Gewinden
allein, hier aber auch ganz deutlich und ohne die geringste Schwierigkeit lesbar hervortreten, untersuchen zu können, und habe mich
aus dem Ductus der Schriftzüge, welche keineswegs flüchtig und
überhaupt nicht flacher gravirt sind, als dies auf Metall üblich zu
sein pflegt, überzeugt, daſs wir es unzweifelhaft mit einem alten
Originale und nimmermehr mit einer Copie aus so später Zeit zu
thun haben. Ebenso muſs ich erklären, daſs die Arbeit des Gewindes selbst, wie die des ebenfalls in einem Gypsabgusse vorliegenden
Oberkiefers des einen der drei erst im Anfange des vorigen Jahrhunderts abgeschlagenen Köpfe, jeden Gedanken an byzantinischen
Ursprung des Denkmals, wenigstens nach meinem Gefühle, aus-
schlieſst. Ich halte hiermit' einen Zweifel für erledigt, der ohne
vorgängige Autopsie des Denkmales gar nicht hätte erhoben werden sollen, weil er völlig in der Luft schwebte, und der nach derselben meiner festen Überzeugung nach nothwendig auch bei Solchen
schwinden muſs, die mit vorgefaſster ungünstiger Meinung an die
Betrachtung des Denkmals gehen sollten.

Obwohl ich also, wie gesagt, die Aufschrift des Gewindes für
die von den Alten erwähnte Inschrift des plataeischen Weihgeschenkes
und somit für ein ächtes Denkmal lakonischer Epigraphik aus der
76. Olympiade halte, so habe ich doch, um Niemandem in seinem
Urtheile von dieser Seite vorzugreifen, in Col. IV das Alphabet derselben von dem der übrigen lakonischen Inschriften gesondert gehalten. Ich habe es überdem für zweckmäſsig erachtet, das Alphabet derjenigen Denkmäler, welche ⊻ und ＄ haben und die ich, da
das ⊻ sich schon auf dem plataeischen Weihgeschenke findet, nicht
umhin kann für älter denn die 76. Olympiade zu halten, von dem
der anderen zu trennen, welche dafür ⊻ setzen und dem Weihgeschenke entweder gleichzeitig oder jünger als dasselbe sind, damit

die Identität des Alphabets dieser Reihe mit der der Inschrift des Weihgeschenkes noch deutlicher hervortrete. Ich bemerke nur noch, daß schon zur Zeit des letzteren das Koppa nicht mehr im Gebrauche gewesen oder wenigstens nicht mehr regelmäßig verwendet worden ist, da wir auf demselben z. B. Κο*ίν*Θιοι, nicht *ο*ίν*Θιοι geschrieben finden, was im entgegengesetzten Falle zu erwarten war.

5. · Archaische Inschriften aus A r k a d i e n haben wir nur von T e g e a und M a n t i n e i a. Zu den im C. I. G. 1512 und 1520 (vgl. Lebas II. n. 339. p. 72 und Tf. VI, 17) von Tegea registrirten kommt noch eine ebendaselbst gefundene, welche Roß *Inscr. inedd.* I. n. 6. p. 2 (Rangabé 2238) publicirt hat, und ein kleines Bruchstück von Mantineia bei Conze und Michaelis (*Annali dell' inst. arch.* 1861. p. 30). Obwohl sämmtlich von geringem Umfange und ihrer Epoche nach nicht genauer zu bestimmen, zumal die Schrift auf allen rechtsläufig ist. genügen sie doch, um das Alphabet ziemlich vollständig darzustellen und den Umstand, daß es der Reihe der in diesem Abschnitte behandelten angehört, außer Zweifel zu stellen, da der Laut des χ̄ in den Worten Fα*ϲϲτυόχου* und *συνμ*ά*χων* durch Ψ bezeichnet wird und demnach unbedenklich für den des ξ̄ das Zeichen X oder + vorausgesetzt werden darf. Schon aus diesem Grunde ist es unmöglich die Weise zu billigen, in der Roß einen Theil der von ihm gefundenen tegeatischen Inschrift gelesen hat. Auf dem Stein stehen in einer oberen Zeile hintereinander die drei Götternamen Ποτοιδᾶνος Ἐρμ[ᾶ]ς Ἡρακλῆς, deren Lesung im Allgemeinen keinem Zweifel unterliegt. Unter dem Namen des Hermes finden sich in einer zweiten Zeile die, wie es scheint, etwas größer gerathenen Buchstaben ΨΑΡΤ, welche Roß als Ψα(φίσματι) Δ(άμω) Τ(εγεατᾶν) lesen und deuten zu können glaubte, indem er dem Ψ den Werth eines ψ beilegte, während es doch nur ein χ̄ sein kann. Damit fällt seine Lesung, an deren Stelle ich Χά*ρ*[ι]τ[ες] vorschlagen möchte, da es gewiß scheint, daß Roß ein etwas gedehntes Ρ für Ρ statt Ρ genommen hat. Wie dem aber auch sein möge, ein ψ hat das Alphabet schwerlich jemals gekannt, und sollte dies dennoch der Fall gewesen sein, so wird seine Gestalt gewiß nicht die des Ψ gewesen sein. Auch das Koppa ist wenigstens zur Zeit einiger dieser Inschriften bereits außer Gebrauch gesetzt, da es in Worten, wie Ἀρκοίας und δεκότ*αι*, nicht mehr geschrieben wird.

6. Schon bei Gelegenheit der Besprechung des argivischen Alphabets ist bemerkt worden, daß die argolischen Seestädte, die

in historischer Zeit auch sonst eine Sonderstellung Argos gegenüber
eingenommen haben, nicht der argivischen Schriftweise gefolgt zu sein
scheinen, und dafs dies wenigstens von Hermione aufser Zweifel
ist. In der That beweisen die einzigen archaischen Inschriften dieser Stadt, welche nach Fourmontschen Abschriften C. I. G. 1194.
1195 herausgegeben worden sind, dafs das hier vor Annahme des
ionischen übliche Alphabet (Col. VI) mit dem lakonischen nahezu
identisch und jedenfalls dieser Reihe angehörig ist. Denn wenn in
der zweiten dieser Inschriften Z. 2 XΘONIAI für ΨΟΟΝΙΑΙ überliefert wird, so beruht dies sicherlich auf einer Ungenauigkeit der Abschrift, da das Zeichen X in der ersten wie der zweiten Inschrift
in dem Namen 'Αλεξίας den Laut des ξῖ vertritt und der des χῖ in
der ersten in demselben Worte χθονία dem ganz entsprechend durch
Ψ ausgedrückt wird. Auch sonst wimmeln diese Abschriften wenig
umfangreicher Texte von Fehlern und Ungenauigkeiten. Eine Ungenauigkeit ist es jedenfalls, dafs Fourmont überall M, N und Σ
giebt, während es nicht zweifelhaft sein kann, dafs auf den Steinen
selbst M, Ν und Ϲ zu lesen gewesen sind; ein Fehler unbedingt,
dafs die Formen des Gamma Λ und Lambda Λ gar nicht zu unterscheiden sind, was sicher darin seinen Grund hat, dafs die Figur
des ersteren, welche Γ gewesen sein dürfte, sich auf den Origina-
len der des Lambda, Λ oder Λ, so sehr annäherte, dafs beide bei
flüchtiger Ansicht schwer auseinanderzuhalten waren. Sehr alt sind
diese Inschriften, deren Zeit nicht weit von einander abliegen kann
(theils wegen der Gleichartigkeit der Schrift theils weil der Alexias,
der auf der zweiten als Dedicant genannt wird, nicht verschieden
sein dürfte von der gleichnamigen Person, die auf der ersten als
Vater des Dedicanten Aristomenes aufgeführt wird), auf keinen Fall,
schon wegen des Gebrauchs der verhältnifsmäfsig jungen Formen
H und Θ. Für die zweite läfst sich dies sogar in ganz positiver
Weise feststellen. Diese nennt nämlich als Verfertiger des Weih-
geschenkes, auf dessen Basis sie angebracht war, einen ΚΡΕΣΙΔΑΣ
Κυδωνιάτ[ας], in welchem Meineke mit richtigem Blicke den aus
attischen Inschriften und sonst bekannten Zeitgenossen des Pheidias,
Kresilas, erkannt hat, dem nur sein Recht geschieht, wenn sein
Name durch Beseitigung des Fehlers von Fourmont, welcher Δ für
Λ gelesen hatte, wieder hergestellt wird, wie er sicher auf dem
Originale gestanden hat. Kresilas nun hat wenigstens bis zu An-
fang der 92. Olympiade Arbeiten geliefert, da man von ihm zu
Athen auf der Burg das Standbild des sterbenden Strategen

Dieitrephes sah, welcher Ol. 91, 3 beim Überfall von Mykalessos getödtet worden war; und für sehr viel älter kann ich weder die eine noch die andere Inschrift gelten lassen. Es ist daher auch mehr als wahrscheinlich, daſs das Koppa nicht zu den auf den beiden Denkmälern nur zufällig fehlenden Zeichen zu rechnen ist, sondern wirklich zur Zeit der Inschriften schon auſser Gebrauch war, wie wir es denn in Κρησίλας und Κυδωνιάτας nicht geschrieben finden, obwohl sich hier Gelegenheit zur Verwendung des Zeichens bot.

7. In der Col. VII ist sodann das Alphabet der Eleer dargestellt, wie wir es aus der Erztafel von Olympia, C. I. G. 11, kennen. Obwohl das Zeichen für ξ zufällig auf dieser Urkunde nicht vorkommt, so genügt doch das öfter erscheinende Ψ als Bezeichnung des χ zu dem Nachweise, daſs das Alphabet dieser Reihe angehört. Das Alter des Denkmals läſst sich nicht mit völliger Genauigkeit bestimmen; Boeckh setzt es ungefähr in die 50. Olympiade. Allein die Erwägungen, auf welche er diese Bestimmung gründet, sind so allgemeiner Art, daſs durch sie die Möglichkeit nicht ausgeschlossen ist, es um ein halbes Jahrhundert herabzurücken. Die Technik ist eine um Vieles rohere und unbeholfenere als die der Platte von Galaxidi; auch deutet der Gebrauch des Ϲ an Stelle des Ξ auf eine etwas frühere Zeit; allein die entschieden rechtsläufige Richtung der Schrift läſst es nicht räthlich erscheinen gar zu weit hinaufzugehen. Vergleicht man das Denkmal mit den sicher datirten Urkunden der 76. Olympiade, dem plataeischen Weihgeschenke und dem Helme des Hieron, so überzeugt man sich leicht, daſs es auch älter als diese ist und spätestens in die Zeit unmittelbar vor den Perserkriegen gesetzt werden kann; Gründe aber, die uns nöthigten es über diesen allerdings spätesten Termin hinaufzurücken, vermag ich nicht abzusehen und halte es für gerathen vorläufig bei dieser Bestimmung stehen zu bleiben, wonach wir etwa die 70. Olympiade als die Epoche des Denkmales zu betrachten hätten. Zu bemerken ist, daſs das Vau im eleischen Dialekte sehr lange haftete und selbst nach. Reception des ionischen Alphabets beibehalten wurde, wie dies die Aufschrift der Münzen späterer Zeit, ϜΑΛΕΙΩΝ, bezeugen kann.

8. Archaische Inschriften von Megaris und der Küstenlandschaft von Achaja sind uns nicht erhalten; das Alphabet der Achaeer lernen wir indessen in aller nur wünschenswerthen Vollständigkeit aus den Inschriften ihrer Pflanzstädte in Unteritalien

kennen, welche wir demnächst in Verbindung mit denen der übrigen italischen und sicilischen Griechen zu betrachten haben werden. Der Vollständigkeit wegen erwähne ich hier zum Schlusse nur noch der einzigen archaischen Inschrift, die wir von Kephallenia haben, C. I. G. 1928, auf der aber leider gerade die charakteristischen Zeichen sämmtlich fehlen, nach deren Gestalt sich die Zugehörigkeit des Alphabets beurtheilen liefse, die aber unter diesen Umständen zweifelhaft bleibt.

2. Die Alphabete der italischen und sicilischen Colonien.

9. Was Sicilien betrifft, so ist Alles, was wir von den Alphabeten des korinthischen Syrakus und des rhodischen Gela wissen, bereits oben an den geeigneten Orten zusammengestellt worden. Archaische Inschriften aus den übrigen Theilen der Insel haben wir aufser den Münzaufschriften keine; von den letzteren geben die des megarischen Selinus über den Charakter des Alphabets keinen Aufschlufs und die der chalkidischen Pflanzstädte Zankle, Naxos und Himera werden passender in Verbindung mit den epigraphischen Denkmälern der stammverwandten italischen Städte Kyme, Neapolis und Rhegion besprochen werden. Ich wende mich daher sofort zu der Betrachtung der Alphabete der italischen Colonien, und zwar zunächst zu der des Alphabets von Taras und dessen Pflanzstadt Herakleia. Wir lernen dasselbe, freilich in sehr unvollkommener Weise, aus den Aufschriften der älteren Münzen beider Städte kennen, welche die in der ersten Reihe von Col. VIII aufgeführten Zeichen liefern, ausgenommen das Vau, welches aus späteren Denkmälern ergänzt worden ist. Auch nach der Annahme des ionischen Alphabets nämlich behielt man in beiden Städten aus dem älteren Alphabete das Zeichen des Vau bei, ja, bildete durch Differenzirung aus dem H, welches die ionische Werthung angenommen hatte, ein eigenthümliches neues Zeichen für den rauhen Hauch, ⊦, offenbar aus keinem anderen Grunde, als weil der Laut des Vau in der Sprache noch fortwährend lebieb blieb und der rauhe Hauch in diesem Dialekte, einer Abzweigung des lakonischen, so viel Körper besafs, dafs man ihn nicht unbezeichnet lassen zu dürfen glaubte. Wir kennen die Eigenthümlichkeiten dieses späteren tarentinisch-ionischen Alphabets aus den bekannten Tafeln von Herakleia (C. I. G. 5774-75) und den jüngeren Münzen von Tarent

und Herakleia, so wie aus den Aufschriften einer Anzahl von Vasen apulischen Fundortes, welche dorischen Dialekt zeigen und nicht anders denn aus tarentinischen Fabriken stammen können. Der Umstand nun, dafs das Digamma noch in verhältnifsmäfsig später Zeit volle Geltung in Sprache und Schrift behauptete, berechtigt dazu es auch im älteren Alphabete vorauszusetzen. Die spätere Form des Zeichens ist ⊂; im älteren Alphabete darf daneben als mindestens gleichberechtigt das ältere F angenommen werden. Trotz dieser Ergänzung würde aber bei dem gänzlichen Mangel anderer, umfangreicherer Denkmäler aus der älteren Zeit unsere Kenntnifs des Alphabets eine ganz ungenügende bleiben, wenn nicht die sogenannten messapischen Inschriften für diesen Mangel einigermafsen Ersatz gewährten. Die Sprachdenkmäler nämlich der Ureinwohner der calabrischen Halbinsel *), welche als Messapier zu bezeichnen Sitte geworden ist, sind in einem rein griechischen vorionischen Alphabete geschrieben, dessen Eigenthümlichkeit, abweichend von der Praxis der Alphabete anderer italischer Stämme, welche das griechische Musteralphabet in mannigfacher Weise modificiren und individualisiren, sich lediglich darauf beschränkt, dafs gewisse Zeichen aufser Gebrauch gesetzt erscheinen. Es ist dieses Alphabet auch kein Mischalphabet, in dem dorische und ionische Elemente zusammengeflossen wären, wie Mommsen annimmt, der diese seine Ansicht indessen auf Vorstellungen und Voraussetzungen gründet, von denen ich hoffe, dafs sie durch die vorliegende Darstellung der griechischen Alphabete berichtigt und beseitigt sind, und auf die näher einzugehen ich mich defshalb enthalten kann. Mommsen selbst hat es im höchsten Grade wahrscheinlich gemacht, dafs in diesem Alphabete die Zeichen H und X (oder +) den Werth von h und ξ haben, und damit den Beweis geliefert, dafs es dieser Reihe angehört. Wenn es sich nun darum handelt, die Frage zu beantworten, woher die Bewohner der calabrischen Halbinsel dieses ihr Alphabet erhalten haben, das unzweifelhaft ein rein griechisches ist, so kann durchaus nur an das in unmittelbarer Nähe gelegene Tarent gedacht werden, das in älteren Zeiten über diese Gegenden eine politische Herrschaft zu behaupten bestrebt war und die natürliche Vermittlerin hellenischer Culturelemente für dieselben war. Es erscheint mir daher unbedenklich, das messapische Alphabet für die Ergänzung unsrer unvollkommnen Kenntnifs des tarentinischen zu

---

*) Vgl. über diese Denkmäler Mommsen Unterital. Dialekte S. 43 ff.

verwenden, und dies um so mehr, als das Bild, welches wir von dem letzteren auf diesem Wege erhalten, auf das erwünschteste mit derjenigen Voraussetzung stimmt, die wir auch ohne jeden thatsächlichen Anhalt zu machen berechtigt wären, daſs nämlich in Tarent, als einer lakedaemonischen Colonie, das lakonische Alphabet gegolten habe. Wer die Reihen der IV. Columne mit denen der VIII. vergleicht, kann sich durch den Augenschein von der wesentlichen Übereinstimmung überzeugen, welche zwischen beiden obwaltet, und wird die versuchte Combination in aller Weise gerechtfertigt finden.

Es ist in der That höchlich zu bedauern, daſs das Alphabet, welches im Jahre 1805 in der Nähe von Vaste auf der calabrischen Halbinsel gefunden worden sein soll und von Mommsen S. 49 Anm. 6 aus den Papieren des Luigi Cepolla bekannt gemacht worden ist, in einem so verdorbenen Zustande sich befindet, daſs ihm nur durch sehr eingreifende Änderungen aufzuhelfen ist; denn ich glaube es ohne Bedenken für das tarentinische Muster des messapischen erklären zu dürfen. Daſs die Angaben Cepollas nicht ganz zuverlässig sind, kann gegen die Authenticität dieses Alphabets kaum geltend gemacht werden, da Cepolla es als Inschrift gedeutet und übersetzt hat, folglich in diesem Falle in gutem Glauben gehandelt haben dürfte. Seine Abschrift sieht so aus:

ι.Β.ΓΔ.ϜϜΙ.Η.Ι.ΚΛ.Μ
ΝΟΧ.Ϙ.ΡΗϟ.ΤΡΨΨ

Mommsen bemerkt, daſs der fünfte Buchstab Ε und der siebente Ι sein müsse (wie der erste Α), und daſs nach dem Η durch ein Versehen das Θ ausgefallen sei; wenn er aber zu Anfang der zweiten Zeile, freilich zweifelnd, ΝΧΟ[Γ]ϘΡ zu lesen vorschlägt, so ist dies auf alle Fälle rein unmöglich, vielmehr einfach an Stelle des verlesenen Χ das fehlende Γ herzustellen. Hinter dem Ρ ist das Η zu tilgen und die Zeichen ΡΨΨ hinter dem Τ als Υ (oder Υ) ΦΨ zu lesen; zwischen Υ und Φ ist das Χ in Folge derselben flüchtigen Nachlässigkeit übersprungen worden, welche in der oberen Zeile den Ausfall des Θ verschuldet hat und die ich auf Rechnung des Abschreibers zu bringen kein Bedenken trage. Man sieht, daſs der nothwendigen Besserungen so viele sind, daſs das Alphabet als Beweisstück sich kaum benutzen läſst, wesshalb ich auch Bedenken getragen habe, eine Restitution desselben in die Tafel der Alphabete aufzunehmen, trotzdem daſs ich diese Berichtigung für nahezu evident halte und die Beziehung des Alphabets auf Tarent mir gleichfalls keinem Zweifel zu unterliegen scheint. Zu bemerken ist das Koppa, das hier, wenn nicht als Buchstabe, doch als Episemon in der Reihe erscheint.

10. Von den epizephyrischen Lokrern, welche Abkömmlinge der ozolischen sind, darf angenommen werden, daſs sie das Alphabet ihrer Heimath (Col. III) nach Italien hinübergenommen und zu gebrauchen fortgefahren haben. Münzlegenden aus älterer Zeit giebt es von dieser Stadt nicht; allein die beiden auf uns gekommenen archaischen Inschriften derselben, C. I. G. 5769 und 5769 *b*, deren Buchstaben in Col. IX verzeichnet worden sind, sprechen wenigstens nicht gegen die obige natürliche Annahme, wenn sie auch nichts enthalten, was dieselbe direct zu bestätigen geeignet wäre. Ich bemerke nur, daſs die Aufschrift des gleichfalls in der Gegend von Lokri gefundenen Vasenfragmentes, C. I. G. 5770, für unsere Zwecke nicht in Betracht kommt, da sich durch nichts erweisen läſst, daſs es aus einer lokrischen, und nicht vielmehr attischen Fabrik stammt.

11. Sehr viel besser steht es dagegen um unsere Kenntniſs des Alphabets der achaeischen Colonien im späteren Lucanien und Bruttium (Col. X). Denn abgesehen von den Aufschriften der zahlreichen und sehr alten Münzen von Metapontion, Kroton und Pandosia, Sybaris, Kaulonia, Terina, Laos, Siris und Pyxus, Poseidonia, haben wir aus dieser Gegend eine Anzahl archaischer Inschriften desselben Schriftcharakters, welche von der Beschaffenheit des Alphabets und zum Theil auch seiner Geschichte ein ziemlich deutliches Bild zu entwerfen verstatten. Längst bekannt war die berühmte Bronze von Policastro, C. I. G. 4, so wie die Aufschrift eines in 'Groſsgriechenland' gefundenen Gefäſses, C. I. G. 5, welche freilich, da es bisher nicht gelungen ist, sie in einer befriedigenden Weise zu deuten, nur von geringem Nutzen ist. Hierzu kommen die Aufschriften eines Goldplättchens, C. I. G. 5778, und eines Helmes, ebenda 5778*b*, beide von Poseidonia. Umfangreicher und wichtiger ist die Inschrift einer in neuerer Zeit zu S. Agata in Calabria citeriore gefundenen Beilschneide, welche in der neuen Folge des *Bulletino Napolet.* I. p. 137 ff. (Tf. V, 2) publicirt worden ist. Auſserhalb des hier in Betracht kommenden Gebietes gefunden, aber nach Dialekt und Schrift hierher gehörig, ist endlich die Aufschrift der Basis eines ehernen Gefäſses, welches aus der Nähe von Salerno stammen soll und in derselben Zeitschrift IV.

p. 164. 65 (Tf. X, 1. 2) abgebildet und besprochen ist *). Der
überwiegende Theil dieser Denkmäler ist uralt und es erklärt sich
daraus der alterthümliche Charakter des Alphabets, der besonders
im Gebrauche des S und M statt I und Σ oder S hervortritt. Auf
keinem derjenigen Denkmäler dieser Gegend, welche sicher der Zeit
vor Annahme des ionischen Alphabets angehören, hat sich bisher
ein Σ oder S gefunden; dagegen zeigen einzelne bereits das I statt
des S, so die Helmaufschrift von Poseidonia, ein Theil der Münzen
von Kaulonia (KAVΛONIATAN) und diejenigen Münzen von Sybaris,
welche die Aufschrift MVB. PI führen. Letztere gehören, wie alle
Münzen von Sybaris dieses Alphabets und Gepräges, unzweifelhaft
der Zeit vor der Zerstörung der Stadt durch die Krotoniaten Ol.
67, 2 an und liefern den Beweis, dafs alle Denkmäler, welche noch
S haben, um Einiges älter sein müssen, als diese Epoche, wie denn
auch die Münzen des bereits in der 50. Olympiade zerstörten Siris
durchaus nur dieses Zeichen kennen. Mit dem Übergang von S zu
I mufs zugleich eine Änderung in der eigenthümlich vereinfachten
Gestalt des Gamma, I, welche mit der des späteren I für S geradezu
identisch ist, vorgenommen worden sein; wir kennen indessen das
Gamma des Alphabets zufällig nur aus der Bronze von Policastro,
die, weil sie das Iota noch durch S bezeichnet, eben jenes I bietet,
dessen spätere Gestalt bis jetzt nicht zu belegen ist. Merkwürdig
ist bei einem Alphabete von verhältnifsmäfsig so hohem Alter das
frühe Auftreten der vereinfachten Formen des H und Θ, welche
sich auf der Bronze von Policastro und dem Beile von S. Agata (Θ
auf der Münze von Metapont bei Millingen *anc. coins* I, 21), Denkmälern, welche die alten Formen des S und M festhalten, bereits
im Gebrauche finden**), während das ältere ⊗ nur einmal auf dem
Paestaner Goldblättchen vorkommt, welches freilich hierdurch, wie
besonders durch die Richtung der Schrift, einer Art Bustrophedon
mit ausgesprochener Neigung zur linksläufigen Wendung, sich als

---

*) An der Ächtheit der Aufschriften eines an einer Kette hängenden bron-
zenen weiblichen Kopfes, welcher aus Grofsgriechenland stammen soll und sich
gegenwärtig im Berliner Museum befindet, C. L. G. 8520, zweifelt der Herausgeber mit vollem Rechte. Die Namen sind vom Fälscher augenscheinlich der
Vase n. 7373, welche entschieden korinthisches Fabrikat ist, abgestohlen.

**) Auf der Abbildung des Beiles bei Minervini erscheint freilich das Theta
als ein einfaches Rund, welches sich von dem bedeutend kleineren O nur durch
seine Gröfse unterscheidet; ich zweifle indessen nicht, dafs der Punkt in der
Mitte ursprünglich auch hier vorhanden gewesen ist.

eines der alierältesten dieser Denkmäler bekundet; wenigstens ist auf den übrigen oben verzeichneten Inschriften, abgesehen von den Münzlegenden, die Richtung der Schrift entschieden rechtsläufig.

12. Ich komme schliefslich zu dem Alphabete der chalkidischen Colonien in Italien und Sicilien: Kyme, Neapolis, Rhegion, Zankle, Naxos und Himera, welches als Mutteralphabet der daraus abgezweigten italischen, des Etruscischen, Umbrischen, Oscischen und Lateinischen, von besonderer Wichtigkeit ist und das ich in der ersten Reihe der Col. XI zunächst aus den ganz sicheren und unzweifelhaften Quellen, den Münzlegenden der genannten Städte und den wenigen uns erhaltenen archaischen Inschriften des italischen Kyme dargestellt habe. Die letztere Klasse von Denkmälern wird gebildet durch die Aufschrift eines in einem cumanischen Grabe gefundenen ehernen Beckens, C. I. G. 32 (vgl. die Addenda p. 886), die eingekratzte, und darum sicher epichorische, Inschrift eines gleichfalls aus einem Grabe bei Kyme stammenden Lekythos, C. I. G. 8337, und zwei Bronzetäfelchen gleichen Fundortes, welche im *Bullet. Nap.* VI. p. 49 und 65 ff. herausgegeben worden sind und deren Inschriften ich, da sie an jenem Orte wenig zugänglich sind, der Übersichtlichkeit wegen hier hersetze:

Nur das Gamma und die jüngere Form des Sigma, ⊂, sind aus den Münzaufschriften von Rhegion und Neapolis, das Γ aus denen von Neapolis, das geöffnete H aus denen von Himera, das X aus denen von Naxos gewonnen; alle anderen Zeichen konnten daneben aus den Inschriften selbst entnommen werden. Dafs das ⊂ im Gebrauche auch hier wirklich jünger gewesen sein müsse, als das ϟ, beweist der Umstand, dafs es auf den neapolitanischen Münzen nur in solchen Aufschriften erscheint, welche durch die Einmischung des H als Vocal bereits deutlich eine Einwirkung des ionischen Alphabets verrathen, während die Legenden von reinem und unvermischtem Alphabete ϟ gebrauchen. Auch die Münzen von Rhegion mit der Aufschrift RECINO⊂ gehören ihrem Fufse nach der von Anaxilas anhebenden Prägung an, sind folglich auf keinen Fall älter als die 71. Olympiade; einzelne dieser Reihe sollen sogar noch RECINOS

schreiben. Die Inschriften dagegen, welche durchweg $ oder S
bieten, sind unzweifelhaft älter als diese Epoche, wofür schon die
Richtung der Schrift spricht, welche auf der dreizeiligen des Lekythos der Tataia noch linksläufig, auf den beiden Bronzetäfelchen
von Kyme furchenförmig gewunden ist und nur auf der dritten einzeiligen nach rechts gewendet erscheint. Doch ist letztere so wie
die Aufschrift des Lekythos wieder entschieden älter als die Bronzetäfelchen, da jene noch die ältere Form des My, $\wedge\wedge$, welche sonst
nur noch auf den älteren Inschriften von Melos und den oben besprochenen archaischen Inschriften von Kreta begegnet, beibehalten,
während auf diesen dafür bereits das jüngere M eingetreten ist.
Ein ψ hat das Alphabet sicher nie gekannt, wie denn auf dem
Lekythos der Tataia in κλίψη die dadurch vertretene Consonanten-
verbindung durch φσ gegeben ist. Von den übrigen Alphabeten derselben Reihe ist endlich dieses chalkidische durch das nur hier sich
findende Zusammentreffen der eigenthümlichen Gestalt des Lambda,
ʌ, welche es allein mit dem attischen und boeotischen theilt, und
des gerundeten Gamma, C, welches, obwohl auch sonst vorkom-
mend, doch jedenfalls eine seltene und eigenthümliche Form ist,
scharf gesondert, ein Umstand, dessen Nichtberücksichtigung die
Ursache gewesen ist, dafs man die Zugehörigkeit einer Anzahl von
Denkmälern nicht erkannt hat, auf denen es doch offen zu Tage
liegt und denen ihre gebührende Stelle anzuweisen aus mehr als
einem Grunde der Mühe gar sehr verlohnt.

Ich ziele hiermit auf eine Anzahl von Vasen des älteren Stiles,
mit schwarzen, zum Theil mit Weifs und Violett aufgehöhten Figuren auf gelbem Grunde, welche man sich, ich weifs nicht recht
aus welchem Grunde, zu den 'dorischen' zu rechnen gewöhnt hat,
unbekümmert darum, dafs der Dialekt ihrer Inschriften ein entschieden ionischer ist, der den attischen Ionismus an scharf ausgeprägtem Charakter bei Weitem übertrifft und dem kleinasiatischen
sich annähert. Es scheint, dafs das Alphabet, in welchem diese
Inschriften geschrieben zu sein pflegen, zu diesem Irrthum Veranlassung gegeben hat, indem man darin ein 'dorisches' zu erkennen
glaubte. Der Begriff des dorischen Alphabets aber ist ein ganz
vager und die Bezeichnung geradezu irre führend, wenn damit nur
angedeutet werden soll, dafs das Alphabet zur zweiten Reihe gehört; denn die Alphabete dieser Reihe sind, wie die bisherige Darstellung zur Genüge klar gemacht haben mufs, weder ausschliefslich
dorisch, noch gehören zu ihr auch nur die Alphabete aller dorischen

Stämme. Man ist folglich in keiner Weise berechtigt jedes Alphabet, das die charakteristischen Eigenthümlichkeiten dieser Reihe, d. h. X oder ╋ als ξ, und Ψ oder Ψ als χ, aufweist, schlechtweg und ohne Weiteres als ein dorisches zu bezeichnen. Das Alphabet der in Rede stehenden Inschriften ist nun ein solches allerdings der zweiten Reihe zugehöriges, aber darum noch nicht ohne Weiteres dorisch zu nennendes, dessen Zugehörigkeit zu bestimmen es individuellerer Kriterien bedarf, als diejenigen Eigenthümlichkeiten abgeben, welche allen Alphabeten der Reihe gemeinsam sind. Erwägt man nun, daſs das chalkidische Alphabet das einzige eines ionisch redenden Stammes ist, das in dieser Reihe vorkommt, und daſs jene Inschriften, wie bemerkt, einen ausgeprägt ionischen Dialekt zeigen, beachtet man ferner, daſs diejenigen individuellen Eigenthümlichkeiten, welche dieses Alphabet von den anderen derselben Reihe unterscheiden, das gerundete Gamma C neben dem umgestürzten spitzwinkligen Lambda Ⴑ, sich als typische Besonderheit auch in jenen Inschriften finden, so wird man zu dem Schlusse gedrängt, daſs die letzteren nach Sprache und Schrift chalkidisch sind und der Sitz der Fabrikation von Vasen mit Aufschriften dieser Gattung an einem Orte zu suchen ist, an dem Chalkidier seſshaft waren. Diese Combination ist so zwingend, daſs ich das Ergebniſs derselben als vollkommen sicher glaube betrachten zu dürfen; zweifelhaft bleibt allein die Frage, auf deren Erörterung hier näher einzugehen nicht am Orte scheint, ob diese Vasen, welche sämmtlich auf italischem Boden gefunden worden sind, mit der Masse der korinthischen und attischen als importirt betrachtet werden müssen und dann als Erzeugnisse der euboeischen Industrie zu gelten haben, oder wie die apulischen in Italien selbst fabricirt sind, in welchem Falle aus nahe liegenden Gründen der Sitz der Fabrication in den campanischen Ansiedelungen von Chalkis gesucht werden müſste.

Es erscheint nothwendig, die Momente, auf denen das oben abgeleitete Resultat beruht, an einigen concreten Beispielen zu veranschaulichen. Ich führe deſshalb eine Anzahl von Vasenaufschriften dieser Gattung vor und analysire sie mit Rücksicht auf die beiden in Betracht kommenden Seiten, die sprachliche und die epigraphische.

1. Vase von Volci, eine Rüstung zum Kampfe darstellend, mit schwarzen, violett und weiſs aufgehöhten Figuren auf hellem Grunde. Die Beischriften lauten (C. I. G. 7381):

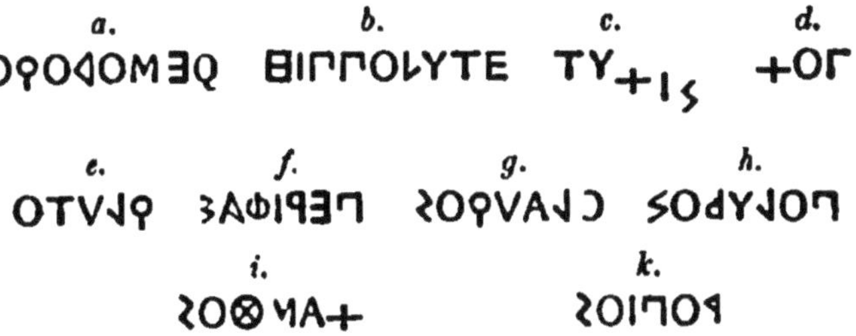

a. *b.* *c.* *d.*

ᒿΟϞΟⴷΟΜƎႺ ΘΙΓΓΟⴑYΤΕ ΤΥ₊₊ᛁᛢ ₊Οᒣ

e. *f.* *g.* *h.*

ΟΤVⴑϞ ᒿΑΦΙ�135Γ ᒿΟϞVΑⴑᗐ ᔙΟⴷYⴑΟᒣ

i. *k.*

ᒿΟ⊗ꟿΑ₊ ᒿΟΙᒣΟᛚ

In Ξάνθος *i* und wahrscheinlich auch in den verstümmelten Beischriften *c* und *d* (τοξ..) erscheint + (= X) in dem Werthe von ξ; das Alphabet gehört also der zweiten Reihe an. Das Gamma erscheint in *g* Γλαῦκος als C, das Lambda viermal deutlich als ⴑ (*b*, *e*, *g*, *h*); das Alphabet ist folglich das chalkidische. Ἱππολύτη *b* und Δημόδοκος *a* beweisen, dafs der Dialekt ein ionischer ist. Zu beachten ist der Gebrauch des Koppa in Consonantenverbindungen und vor ο, in Δημόδοκος (*a*), Κλυτώ (*e*), Γλαῦκος (*g*), wie er in λήκυθος auf dem Lekythos der Tataia vor υ ebenfalls begegnet. Als Zeichen des Zischlautes wiegt ᔙ vor; doch findet sich einmal ꞩ in Περίφης (*f*).

2. Amphora der Pembrokischen Sammlung mit schwarzen Figuren auf hellem Grunde, den Kampf um den Leichnam des Achilles darstellend. Beischriften (C. I. G. 7686):

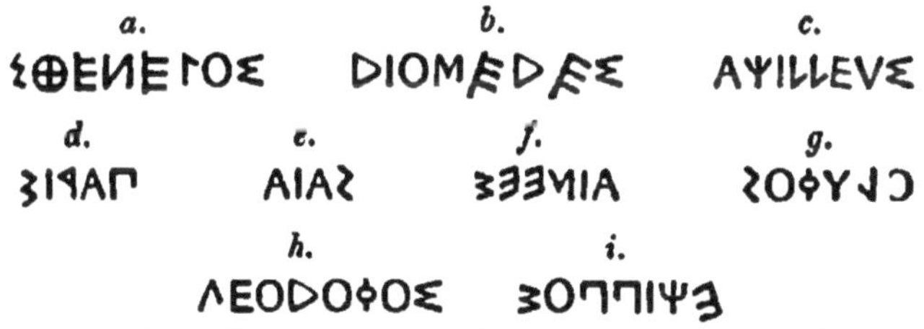

a. *b.* *c.*

ᒿⵙΕꟍΕᒣΟᘓ DΙΟΜᛖDᛖᘓ ΑΨΙⴑⴑΕVᘓ

d. *e.* *f.* *g.*

ᘓΙ�1ΑΓ ΑΙΑᒿ ᘓᗱᗱꟍΙΑ ᒿΟⵙYⴑᗐ

h. *i.*

ⴈΕΟDΟⵙΟᘓ ᒿΟᒣᒣΙΨᗱ

Zu bemerken ist zunächst, dafs die Namen Σϑένελος *a* und Λεώδοκος *h* auf dem Kopfe stehen, wie die Richtung des Ν in dem ersteren dies aufser Zweifel stellt. Das Zeichen Ψ hat in Ἔχιππος *i* und Ἀχιλλεύς *c* den Werth von χ; das Alphabet gehört also der zweiten Reihe an. Das Gamma hat die Form C in Γλ[α]ῦκος *g*, das Lambda erscheint viermal als ⴑ in Ἀχιλλεύς *c* und in den, wie bemerkt, umgekehrt zu lesenden Namen Σϑένελος *a* und Λεώδοκος *h*; das Alphabet ist folglich das chalkidische. Die Namenformen Λεώδοκος *h* und Αἰνέης *f* zeigen einen ausgeprägten Ionismus, vgl. das Τατάιης des Cumaner Lekythos. Das Koppa erscheint auch hier (in der besonderen Gestalt ⵙ) regelmäfsig vor ο, in Γλ[α]ῦκος *g* und Λεώδοκος *h.* Als Bezeichnung des Zischlautes überwiegt ⳗ; zweimal scheint ⟊ geschrieben in Αἴας *e* und Γλ[α]ῦκος *g.*

3 und 4. Zwei Vasen des Leydener Museums mit schwarzen Figuren auf hellem Grund, beide mit derselben Darstellung eines Tanzes von Satyrn und Maenaden, zum Theil mit denselben Beischriften, von denen ich indessen die entschieden verdorbenen übergehe (C. I. G. 7459 und 7460):

1.	2.
a. ЅΙ ΜΟЅ	*a.* ⳘΟΠΙΗ
b. ΜVΡΟ	*b.* ΙΟΘΜΑ+
c. ΟΙꓴ *d.* ЭΠꓔΟΜ	*c.* ΕΙΟ
e. ΑΝΤΙΕЅ	*d.* ꓱΒΙΟΦ
f. ΟΤVꓘ	*e.* ⳘΙꓘꟼΟΔ
g. ⳘΟΙΑːΠΙΒ	*f.* ΝΑΙЅ
h. ΟΘΜΑ+ *l.* ΟⳖΑΤΙΕ⳿	*g.* ΔΟΡΟ
i. ᗡΟΡΚΙЅ	
k. ΑꓡΟΨ	

In Ξανθώ 1 *h* und 2 *b* hat + den Werth von ξ, in Χώρα oder Χορα ... 1 *k* das Ψ den Werth von χ; das Alphabet gehört folglich der zweiten Reihe an. Ein Gamma kommt nicht vor; dagegen hat das Lambda überall die umgestürzte Form des ⱱ; das Alphabet ist also das chalkidische. Die Namenformen Μολπη 1 *d*, Φοιβη 2 *d*, ’Αντιης 1 *e* und ’Οφατιης 1 *l* zeigen ausgeprägten Ionismus. Zu bemerken ist die jüngere Form des Theta Θ in 1 *h* (und wahrscheinlich auch 2 *b*) neben dem geschlossenen Β 1 *g*; die geöffnete Form Η findet sich indessen 2 *a*. In Fιω 1 *c* (ΕΙΟ 2 *c* scheint verschrieben) und dem seltsamen ’Οφατιης 1 *l* scheint das Digamma aufzutreten; dqch ist es wenigstens in dem letzteren Namen mindestens unsicher. Dafs der chalkidische Dialekt diesen Laut indessen ziemlich lange bewahrt hat und er in älteren Zeiten auch wirklich geschrieben worden ist, beweist eine Beischrift der folgenden Vase, deren Lesart aufser Zweifel zu stehen scheint.

5. Amphora von Volci mit schwarzen Figuren auf hellem Grunde, den Kampf des Herakles mit Geryones darstellend. Beischriften (C. I. G. 7582):

a.	*b.*	*c.*	*d.*
ΑΘⱯΝΑΙⱯ	ΒΕꟼΑΚLΕЅ	ЅꓱⱯΟꓞVꟼΑꓴ	ⱯVΡVΤΙΟΝ

Die charakteristischen Zeichen + und Υ kommen zwar nicht vor, allein das Ϲ in Γαρυφόνης in Verbindung mit dem ⱱ in ’Ηρακλῆς deuten auf das chalkidische Alphabet und der stark ausgeprägte Ionismus in 'Aϑναίη läfst vollends keinen Zweifel übrig. Wenn in scheinbarem Widerspruch damit in Γαρυϝόντς in der ersten Sylbe das lange α beibehalten ist, so beruht dies sicherlich auf einer Besonderheit dieses ionischen Dialektes, für die es an Analogien in den verwandten, selbst dem kleinasiatischen, nicht fehlt. Das Vau in Γαρυϝόντς scheint deutlich und nicht in Frage zu stellen. Der Ductus der Schriftzüge verräth eine gewisse Ähnlichkeit mit denen der Beischriften auf der folgenden Vase, die ich gleichfalls hierher zu ziehen kein Bedenken trage.

6. Amphora des Münchener Museums mit schwarzen Figuren auf hellem Grunde, auf der der Kampf des Herakles mit Kyknos dargestellt ist. Beischriften (C. I. G. 7611):

a.   *b.*

ᚱⅤ𐋂𐌏ⅤᏀ   ᏀƷ𐌃ᐳ//////////Η

Charakteristische Buchstaben und Eigenheiten des Dialektes kommen nicht vor; allein das Ƙ leitet mit Nothwendigkeit entweder auf das attische oder das chalkidische Alphabet und die Verwendung des Koppa in Κύκνος in einer Verbindung des *K*-Lautes mit einem Consonanten und vor ν stimmt in einer Weise mit dem Gebrauche der oben besprochenen Vasen und des Lekythos der Tataia, dafs ich an dem chalkidischen Charakter der Schrift und Ursprung des Gefäfses keinen Augenblick zweifele. Dieselbe Erwägung bestimmt mich auch die folgende Vase unter diese Rubrik zu stellen.

7. Volcenter Amphora der Münchener Sammlung mit schwarzen, weifs und violett aufgehöhten Figuren auf hellem Grunde, darstellend den Kampf des Zeus mit Typhon und die Übergabe des Eberhauptes durch Meleagros an Atalante. Beischriften (C. I. G. 7382):

a.   *b.*   *c.*   *d.*   *e.*

Ↄ𐌀𐌀Λ𐌃ΑΤΑ   ᚱⅤƷ𐌃Ʒ   3ΟΙΤ𐌃Ꮐ   Μ.ΟΦƐΟƐ   ƎᏚⅤϲ

Die Form des Lambda und das ionische 'Αταλάντη, wie offenbar in *a* geschrieben war, deuten auf attischen oder chalkidischen Ursprung, das Koppa in Κλυτίος spricht für den letzteren. Der Gebrauch des φσ für ψ in Μόψος beweist, dafs das Alphabet ein besonderes Zeichen für ψ nicht kannte, und stimmt dies mit der Schreibart κλάφση auf dem Lekythos der Tataia, freilich auch mit der Weise des attischen Schriftgebrauches.

8. Vase der Magnoncourschen Sammlung mit schwarzen, weiſs und violett aufgehöhten Figuren auf hellem Grunde. Beischriften (C. I. G. 7708):

a.	b.	c.
ΑΔΡΕϹΤΟϹ	ΤVDIVϹ	Ο ΜΑ↓ΟϹ

Das Ψ als χ in ... ὁμαχος c zeigt, daſs das Alphabet der Beischriften dieser zweiten Reihe angehört. Weder das Gamma noch das Lambda kommen vor; allein die ionische Namenform ῎Αδρηστος a stellt es auſser allen Zweifel, daſs wir es mit chalkidischen Inschriften zu thun haben.

Diese Beispiele mögen genügen, um das oben ausgeführte anschaulich zu machen. Zur Vervollständigung bemerke ich indessen noch, daſs es allerdings Vasen mit Beischriften in einem Alphabete dieser zweiten Reihe giebt, welche nicht chalkidisch sein können, und da die Vergleichung ihrer Beischriften mit denen der oben aufgeführten Gefäſse zu einer weiteren Erläuterung und Begründung des Vorgetragenen nicht unwesentlich beizutragen im Stande ist, analysire ich zum Schlusse beispielshalber zwei derselben, an denen der behauptete Unterschied recht deutlich und ganz unverkennbar hervortritt.

Ich wähle als erstes Beispiel die berühmte Vase des Arkesilas, von deren Aufschriften (C. I. G. 7757) ich nur die einigermaſsen lesbaren hersetze.

a,	b.	c.	d.
ΑΡΚΕϹΙΛΑϹ	ΙΟѠΟΡΤΟϹ	ΦVΛΑΚΟϹ	ο Μ⊕Λ

e,	f.	g.
Ο+Ψ9Ο	ΙΡ ΜΟΦΟΡΟϹ	ϿΛΙΦΟ ΜΑΨΟϹ

Die Lesung und Deutung vieler dieser Wörter ist bestritten; indessen kann nicht bezweifelt werden, daſs in ὀρύξω e das + den Werth des ξ, in ... φόμαχος g das Υ den Werth des χ, hat und daſs folglich Inschriften in einem Alphabete der zweiten Reihe vorliegen. Das Lambda aber hat die Form Λ oder ʌ und ᾿Αρκεσίλας ist eine entschieden dorische Namenform. Diese Inschriften sind folglich unbedingt nicht chalkidisch, sondern vermuthlich dorisch. Auf welche Fabrik aber das Gefäſs zurückzuführen ist, ist eine Frage, die zu beantworten ich mich auſser Stande sehe, da ich auf Vermuthungen und bloſse Möglichkeiten, deren es mehrere giebt, mich nicht einlassen mag; gewiſs aber ist, daſs aus demselben Fabrikationsorte das folgende Gefäſs stammen muſs.

2. Amphora der Sammlung Canino mit rothen Figuren, auf der einen Seite Peleus, anf der andern Cheiron mit dem kleinen Achilleus. Beischriften (C. I. G. 8287):

a.   *b.*   *c.*   *d.*

ΓΕΛΕΙ   ΙϽΛΙΨΛ   ΨΙΡΟΝ   ΓΡΑ+ΙΑϞΕΛΡΑΦϽϜ

Auch hier haben wir das Ψ oder Υ zweimal in der Geltung von χ, das + im Künstlernamen Πραξίας in der von ξ, aber das Lambda hat nicht die chalkidische Gestalt ᚷ, sondern die mit den Aufschriften der Arkesilasvase übereinstimmende gewöhnliche, Λ. Auch das Gamma, vom Lambda kaum zu unterscheiden, entfernt sich vollständig von dem chalkidischen C; φσ aber statt eines offenbar nicht vorhandenen ᚷ in ἴγραψε ist eine Schreibweise, die den meisten Alphabeten dieser Reihe gemeinsam gewesen sein dürfte und von der bisher nur das lokrische eine sicher bezeugte Ausnahme macht. Daß der Dialekt der Beischriften dorisch sei, läßt sich bei der besonderen Beschaffenheit der Worte, welche dialektische Eigenthümlichkeiten hervortreten zu lassen zufällig nicht geeignet sind, nicht geradezu behaupten; indessen würde der Eigenname Πραξίας nach den oben angeführten analogen Fällen im chalkidischen Dialekte Πραξίης oder Πραξίης lauten müssen, ein sicherer Beweis dafür, daß wir es mit einem Denkmal wesentlich verschiedenen Ursprunges zu thun haben.

Ich glaube hierdurch die behauptete Thatsache in das gehörige Licht gestellt zu haben und wende mich der Erörterung des Einflusses zu, den das Alphabet der chalkidischen Colonien, augenscheinlich vornehmlich das der campanischen, unverkennbar auf die Gestaltung der altitalischen Alphabete geübt hat. Ich setze die auf diesem Gebiete grundlegende Abhandlung von Mommsen (Unterital. Dial. S. 3 ff.) als bekannt voraus, von deren Darstellung, wie man sehen wird, die nachfolgende, zu der ich mich im Interesse derer, die mit den Ergebnissen jener Untersuchungen nicht vertraut sind, genöthigt sehe, in keinem wesentlichen Punkte abweicht; sie soll nur dazu dienen, die Grundlage für Erwägungen abzugeben, durch welche mit Benutzung der durch die bisherigen Erörterungen gewonnenen Gesichtspunkte die Frage nach der Herkunft und Abstammung jener Alphabete einer bestimmteren und befriedigenderen Lösung entgegengeführt wird, als sie mir bisher gefunden zu haben scheint. In der Art, wie ich sie beantworten zu müssen glaube, besteht die ganze Differenz, wenn man überhaupt von einer Diffe-

,renz da reden darf, wo es sich eigentlich nur um eine Ergänzung durch nähere Bestimmung handelt. Diese Bestimmung ist aber für die Geschichte des griechischen Alphabets und die Culturverhältnisse des alten Italiens von zu eingreifender Bedeutung, als dafs sie bei dieser Gelegenheit umgangen werden dürfte; wefshalb ich einen Augenblick bei ihr verweilen werde.

· Die italischen Alphabete zerfallen in zwei deutlich zu unterscheidende Gruppen, von denen die erste, zu der das etruskische, umbrische| und oskische gehören, durch das allen ihren Alphabeten gemeinschaftliche Zeichen 8 gekennzeichnet ist, welches zur Bezeichnung des Lautes ƒ mit Verwerfung des griechischen φ eigens erfunden und den recipirten Zeichen des griechischen Mutteralphabetes hinzugefügt worden ist. Die andere Gruppe, bestehend aus dem lateinischen und faliskischen *) Alphabete, kennt dieses Zeichen nicht, sondern verwendet für die Bezeichnung des ƒ-Lautes gleichfalls mit Verwerfung des griechischen φ das Zeichen des Vau und hat in Folge davon die Fähigkeit, welche den Alphabeten der ersten Gruppe geblieben ist, eingebüfst, consonantisches und vocalisches u zu unterscheiden; das Vocalzeichen V mufs zur Bezeichnung beider Laute dienen. Über die Reihenfolge und den Bestand der Zeichen im lateinischen Alphabete liegen Überlieferungen vor, der Bestand des etruskischen Alphabets ergiebt sich aus den Darstellungen desselben, welche auf einem Gefäfse von Bomarzo und einigen nolanischen Pateren eingekratzt uns überliefert worden sind (Mommsen Tf. I, 13-15); von den übrigen Alphabeten kennen wir zwar nur die Zeichen aus den Inschriften, doch unterliegt es keinem Zweifel, dafs ihre Anordnung im Ganzen hier dieselbe wie im etruskischen oder lateinischen gewesen ist; nur in ganz vereinzelten Fällen bleibt ein Bedenken übrig, das indessen nie für die Betrachtung im Ganzen von irgend einer Erheblichkeit ist. Ich setze nun diese Alphabete, nach den Gruppen geordnet, zunächst hierher und begleite sie mit einigen erläuternden Bemerkungen, welche der Umstand nöthig macht, dafs die Gestalt einzelner Zeichen im Laufe der Zeit mannigfachen Veränderungen unterlegen hat und auch der

---

*) Über das Alphabet der erst vor Kurzem bekannt gewordenen faliskischen Sprachdenkmäler (*Annali dell' inst. arch.* 1860. p. 211 ff.) vgl. die erschöpfende Auseinandersetzung von Mommsen in den Monatsberichten 1860. S. 451 ff. und die Nachträge dazu von Detlefsen im *Bullet. arch.* 1861. p. 198 ff.

Bestand bei allen nicht zu allen Zeiten derselbe geblieben ist, sondern gewisse Schwankungen erfahren hat.

	1. Etruskisch.	2. Umbrisch.	3. Oskisch.	4. Lateinisch.	5. Faliskisch.
1	A Λ	A	Λ	Λ Λ Λ A	Я
2		B	B	B B	.
3	⊃		⟩	⟨ C	⊃ C
4			Я	D	D
5	Ǝ Ε Ǝ	Ǝ Ε	Ǝ	E ‖	Ǝ
6	⊃Ⅎ	⊃ Ⅎ	⊐	F ⫯	↑
7	‡ I	‡ ⅃	I Ⅎ	G	‡ Ⅎ
8	⊟	⊘	⊟	H	⊟ H
9	⊗ ⊙	⊙			
10	I	I	I	I	I
11	K⁎	K	Я	K	
12	⅃	⅃	⅃	↳ L	⅃ ⅃ ⟨
13	⋀Ⅿⲓⲓⲓ ⲨⲨ	ⲼⲼ ⅄	⋀	M	ⲼⲼ
14	⟍ И H	'И И	H	N	И
15				O	O
16	⌐ Π	⌐	Π	Γ Ρ	⌐ Γ
17	M	M			
18	Ϙ⁎			Q	
19	◖ Ϙᵗ	◖	Ϙ	R R	Я
20	≳᛫ ≷ �𝈄	⟨	⟨	⟨2	S 2
21	⟩⁎ + ↑	↑ ⟩	T	T	+ Ⴤ
22	V Ⴤ	V	V	V ᛫	V
23				X	✝
24	Ⴔ				
25	↓				
26	8 8	8	8 8		
27		Ϙ			
28		d			
29			Ⱶ		
30			⩔		

1. **Etruskisch.** Die mit einem Sternchen bezeichneten Buchstabenformen und Zeichen kommen in den Alphabeten nicht vor und sind aus den Inschriften ergänzt worden. Die Aspiraten hat

das Alphabet vollständig aus dem griechischen herübergenommen und zwar das ↓ in dem Werthe eines Gutturals, woraus sich ergiebt, dafs das Zeichen in dem griechischen Musteralphabete den Werth des χ gehabt haben mufs, das X folglich, welches die Etrusker nicht als Buchstaben, sondern nur als Zahlzeichen verwenden, wefshalb es auch in den Alphabeten fehlt, den des ξ. Die Tenues sind in der älteren Zeit sämmtlich in Gebrauch; später schwindet das K, welches die Alphabete defswegen auch auslassen, und es wird dafür C geschrieben, welches den Charakter als Media verliert, wie denn auch die beiden anderen Mediae aufgegeben sind, und weder in den Alphabeten, noch selbst den ältesten Inschriften sich finden. Das Zeichen Ϙ begegnet nur vereinzelt auf den alleraltesten Inschriften und mufs sehr bald aufser Gebrauch gekommen sein, wie es denn auch in den Alphabeten keinen Platz mehr gefunden hat. Es stimmt in der Form durchaus mit dem griechischen Koppa und ich sehe keinen Grund es von diesem zu trennen und ihm willkürlich einen anderen Lautwerth zuzuschreiben. Für zwei verschiedene Modificationen des Zischlautes gebrauchen die Inschriften die auch in den Alphabeten vorfindlichen Zeichen M und ⟨ oder Ƨ neben einander. Von den letzteren ist die gerundete Form auf den Inschriften die vorwiegende, selten erscheint ⟨, nie das nur aus den Alphabeten bekannte ⟩. Dagegen werden die beiden Formen des r, Ơ und ꟼ, ohne jeden Unterschied auf den Inschriften neben und durcheinander in Anwendung gebracht, wie sie denn ihrem Ursprunge nach offenbar identisch sind. Von den Vocalen sind nur a, e, i, u aufgenommen, das o aufgegeben. Die Richtung der Schrift ist eine durchgängig linksläufige.

2. Umbrisch. Die Schrift läuft auch hier regelmäfsig von der Rechten zur Linken. Von den Aspiraten ist nur das Ơ beibehalten, welches indessen selten gebraucht wird und von der Tenuis sich im Lautwerthe nicht unterscheidet; offenbar war es ein für die Sprache überflüssiges Zeichen und zur Rolle einer blofsen Nebenform des ✝ herabgesunken. Dasselbe gilt von dem M, das nach individueller Neigung von bestimmten Schreibern für das gewöhnliche Ƨ gesetzt wird, ohne dafs damit ein wirklicher Lautunterschied angedeutet werden soll. Von den Mediae ist das C und das d aufgegeben, dafür das K aber fest; das Koppa ist nicht mehr im Gebrauch, vielleicht auch nie im Gebrauch gewesen. In Übereinstimmung mit dem Etruskischen verwendet das Umbrische von den Vocalzeichen das O gar nicht und kennt nur die Vocale a, e,

i, u. Charakteristisch für das Umbrische Alphabet ist die besondere Modification des Ⴇ in Ⴖ und die beiden neuen Zeichen ꟼ und ꝱ, welche es aufser dem auch dem Etruskischen eigenen 8 den griechischen Zeichen hinzugefügt hat. Das erstere ist die auch dem etruskischen Alphabete geläufige Nebenform des ꟼ, hat aber im Umbrischen nicht denselben Lautwerth wie jenes, sondern bezeichnet eine eigenthümliche Nuance des *d*-Lautes, wonach es wahrscheinlich ist, dafs es in der Reihe des Alphabets auch eine gesonderte Stellung eingenommen hat. Das ꝱ dagegen ist ein offenbar willkürlich erfundenes Zeichen, bestimmt die eigenthümliche Wandlung anzudeuten, welche in diesem Dialekte die Aussprache des *k* vor den Vocalen *e* und *i* zu erleiden pflegte. In lateinisch geschriebenen Denkmälern wird dieser Laut durch ein mit einem Ansatze versehenes S ('S) bezeichnet. Beide Zeichen haben aller Wahrscheinlichkeit nach im Alphabete hinter dem 8 ihren Platz gehabt.

3. **Oskisch.** Von den Vocalen ist das O, von den Consonanten sind sämmtliche Aspiraten nebst dem X, das M und das Ꝕ aufgegeben. Früher fehlte offenbar auch das *d*, als aber später zu einer Zeit, wo das *r* die Form des vergessenen ꟼ angenommen hatte, sich das Bedürfnifs geltend machte ein Zeichen für die Media zu besitzen, scheint man eine bekannte Nebenform des ꟼ, das Я, für diesen Zweck bestimmt zu haben, und es ist wenigstens möglich, dafs man ihm den Platz seines älteren Vorgängers wieder eingeräumt hat. Ebenso brauchte die Sprache später ein *o* und gewann für das aufgegebene O eine Bezeichnung des Lautes durch Differenzirung des V. Dieses Ꝡ, wie das aus dem I in ähnlicher Weise gebildete Ⱶ, scheint auf den älteren oskischen Münzen noch nicht vorzukommen und es ist darum für fast gewifs anzunehmen, dafs die beiden neu erfundenen Zeichen in der Alphabetreihe hinter dem 8, welches damals längst im Gebrauche war, ihre Stellung angewiesen erhalten haben. Die Richtung der Schrift geht von der Rechten zur Linken.

Versuchen wir hiernach uns ein Bild von der Beschaffenheit desjenigen griechischen Alphabets zu entwerfen, aus welchem die so eben besprochenen als aus ihrer gemeinschaftlichen Quelle abgeleitet sind, so ergiebt sich, dafs in diesem Alphabete die Zeichen Ꝡ und X den Werth von χ und ξ gehabt haben, dafs es folglich der zweiten Reihe angehört hat. Es erhellt ferner aus dem Zeugnifs des etruskischen und oskischen Alphabets, dafs das Gamma

in ihm die Gestalt C gehabt hat, und aus dem aller drei, daſs die
Form des Lambda Ʋ gewesen ist. Das fragliche Alphabet kann
folglich kein anderes, als das chalkidische gewesen sein. Da endlich die Richtung der Schrift in allen drei Alphabeten von der
Rechten zur Linken geht und wenigstens das etruskische und umbrische das Zeichen M noch als Buchstaben verwenden, so ist anzunehmen, daſs die Ableitung derselben aus dem chalkidischen Alphabete zu einer Zeit Statt gefunden hat, in der die Richtung der
Schrift noch vorwiegend eine linksläufige war und das M nicht
nur als Episemon, sondern wahrscheinlich noch als Buchstabe Geltung hatte. Betrachten wir nunmehr die Alphabete der zweiten
Gruppe.

4. Lateinisch. Schon auf den ältesten Denkmälern, welche
freilich nicht sehr weit hinaufgehen, ist die Richtung der Schrift
rechtsläufig. Im Gegensatze zu den Alphabeten der ersten Gruppe
hat das lateinische die Vocalzeichen sämmtlich, mit Einschluſs des
O, herübergenommen, kennt dagegen den neu erfundenen Buchstaben 8 nicht, für dessen Laut es das Zeichen des Vau verwendet
und in Folge davon mit dem einen V den vocalischen und conso-
nantischen Laut zugleich zu bezeichnen genöthigt ist. Das K ist
aus dem Gebrauche so gut wie verschwunden und wird durch das
C ersetzt; für die Gutturalmedia ist in späterer Zeit durch Differenzirung aus dem letzteren in dem G ein neuer Ausdruck gewonnen worden und dieser Buchstabe hat die Stelle des im Alphabete
zwar früher vorhandenen, aber so gut wie überflüssigen I angewiesen erhalten. In sehr viel späterer Zeit ist das Zeta, zugleich mit
dem Y, aus dem griechischen Alphabete in der damals üblichen
Gestalt Z wieder eingeführt worden und hinter das X, welches seit
alter Zeit die letzte Stelle im Alphabet, unmittelbar hinter dem V,
einnahm, gestellt worden. Dieses letzte Zeichen des alten Alphabets
wird auſser als Zahlzeichen in beschränkter Ausdehnung auch als
Buchstabe, und zwar entschieden in dem Werthe eines ξ, gebraucht,
dagegen sind sämmtliche Aspiraten des griechischen Alphabets als
Buchstaben aufgegeben worden und finden nur als Zahlzeichen
(Ψ und Ψ = 50, Θ [sehr selten] = 100, Φ = 1000) Verwendung.
Ebenso fehlt das M, während das Koppa in einer eigenthümlichen,
vollkommen geregelten Weise verwendet beständig im Gebrauch geblieben ist und nur in späteren Zeiten etwas an Terrain verloren
hat. Charakteristisch ist auſserdem, daſs das Alphabet von den
beiden im Griechischen überlieferten Formen des ᴦ, P und R, die

letztere mit Consequenz bevorzugt hat, während von denen der ersten Gruppe die einfachere gewählt worden ist.

5. **Faliskisch.** Dieses Alphabet kommt mit dem lateinischen in allen charakteristischen Eigenthümlichkeiten überein und stellt offenbar nur einen älteren Entwickelungszustand der beiden zu Grunde liegenden gemeinschaftlichen Urform dar. Die nicht wesentlichen Abweichungen oder Besonderheiten bestehen darin, dafs das faliskische Alphabet noch die ältere linksläufige Richtung der Schrift beibehält, das Koppa nicht verwendet und von den Mediae das B aufgegeben hat *); auch erscheint in dem ↑ eine eigenthümlich differenzirte Form des vom lateinischen beibehaltenen ursprünglichen F. In der Beibehaltung des Zeta stimmt es dagegen mit dem lateinischen der älteren Zeit vor Erfindung des G und kann dies als eine Abweichung nicht betrachtet werden.

Hiernach ist klar, dafs die gemeinschaftliche Quelle beider Alphabete ein griechisches gewesen ist, in dem das X den Werth von ξ, das ↓ folglich den von χ hatte, und das sonach der zweiten Reihe angehörte. Das übereinstimmende Zeugnifs beider stellt es ferner aufser Zweifel, dafs das Gamma und das Lambda in jenem Mutteralphabete die Formen C und ʌ hatten; dieses Alphabet ist folglich das chalkidische gewesen. Die Ableitung aber ist zu einer Zeit erfolgt, in der das letztere noch die linksläufige Richtung der Schrift festhielt; das faliskische Alphabet, wie es vorliegt, ist auf diesem Standpunkt stehen geblieben, das langlebigere lateinische aber in der Lage gewesen die Wendung von der linksläufigen zur rechtsläufigen Richtung mitzumachen und sich mit dem späteren Gebrauche der griechischen Schriftweise schon frühzeitig auszugleichen. Sonach gehen die Urformen beider Gruppen von Alphabeten auf das der campanischen Griechen zurück und das chalkidische Alphabet ist als die gemeinschaftliche Mutter aller italischen Alphabete zu betrachten. Doch beweisen die oben hervorgehobenen wesentlichen Abweichungen beider Gruppen von einander, welche im griechischen Mutteralphabete entschieden nicht vorhanden waren und zu

---

*) Detlefsen's Annahme, dafs von den beiden auf den Inschriften sich findenden, nur durch die Richtung unterschiedenen Formen des ρ, q und Ρ, letztere das ρ, erstere das b bezeichne, scheint mir nicht haltbar. Dieselbe Doppelwendung zeigen das C, S, ⚼, ✝, ohne dafs ein Unterschied des lautlichen Werthes angenommen werden könnte. Detlefsen's Inductionsbeweis ist also weder vollständig, noch auch abgesehen von diesem Mangel zwingend.

denen auch ein denkbarer Anlaſs in diesem nicht geboten war, daſs
die Ableitung beider, wenn nicht zu einer verschiedenen Zeit, doch
selbstständig und völlig unabhängig von einander Statt gefunden
haben müsse. Auf keinen Fall berechtigen sie für jede der beiden
Gruppen ein besonderes, von dem anderen wesentlich verschiedenes
Mutteralphabet anzunehmen.

Und hiermit sind wir bei dem Punkte angelangt, wo es nothwendig erscheint ein Denkmal in Erwägung zu ziehen, welches von
einer gewissen Seite Bedenken gegen die gegebene Darstellung des
Verhältnisses der altitalischen Alphabete zu dem chalkidischen erregen könnte, und das auch abgesehen hiervon schon wegen der
wichtigen Aufschlüsse, welche über Bestand und Anordnung der
Zeichen dieser zweiten Alphabetreihe daraus zu gewinnen sind, eine
eingehendere Betrachtung nothwendig machen würde. Ich meine die
epigraphischen Beigaben eines kleinen Gefäſses von augenscheinlich
etruskischer Arbeit, das angeblich in einem etruskischen Grabe bei
Caere gefunden in den Besitz des Generals Galassi überging und
aus diesem in das Gregorianische Museum nach Rom gelangt ist
(C. I. G. 8342). Um den Bauch des Gefäſses läuft in spiralförmigen
Windungen ein etruskisches Syllabarium, auf der Basis ist ein griechisches Alphabet eingekratzt, welches mit Ergänzung des zufällig
zerstörten Zeichens des *m* aus dem Syllabarium und Auslassung
gewisser Zeichen, von denen sogleich die Rede sein wird, in der
dritten Spalte von Col. XI verzeichnet ist. Der Rest eines ganz
ähnlichen Alphabets (die Buchstaben A-O einschlieſslich enthaltend)
und Syllabariums war bereits zu Ende des 17. Jahrhunderts mitten
unter etruskischen Inschriften auf der Wand eines bei Colle in der
Nähe von Siena geöffneten Grabes entdeckt worden (C. I. G. 6183).
Die abweichenden Formen dieses Exemplares, welche im Übrigen
unerheblich sind und zum Theil auf Ungenauigkeit der Copie zurückzuführen sein dürften *), sind in der genannten Spalte neben denen
des caeritischen an zweiter Stelle in Klammern vermerkt.

Die erschöpfendste Behandlung dieser wichtigen Denkmäler hat
Mommsen (a. a. O. S. 8 ff.) geliefert. Ich stimme ihm zunächst
darin vollkommen bei, daſs in diesen beiden Exemplaren uns das

---

*) C für C und C für F oder C beruhen meines Bedünkens auf einer
bloſsen Verwechselung, welche in dem anderen Exemplar vermieden ist, I für
I gehört der Copie. Für die im Alphabete miſsrathene Form des *n* ist die
vom Schreiber jedenfalls beabsichtigte aus dem Syllabarium eingesetzt worden.

griechische Musteralphabet erhalten ist, aus dem das etruskische und die mit diesem verwandten abgeleitet worden sind, was zum Theil aus seiner ganzen Beschaffenheit, zum Theil aber auch schon daraus hervorgeht, daſs es sich von etruskischer Hand geschrieben an zwei verschiedenen Stellen Etruriens in Verbindung mit etruskischen Inschriften gefunden hat. Auch hat er entschieden Recht, wenn er den Lautwerth der drei letzten Zeichen X Φ Ψ als ξ φ χ bestimmt. Ist aber diese Bestimmung richtig, woran gar nicht gezweifelt werden kann, so gehört das Alphabet der zweiten Reihe an und kann, da es den Buchstaben Gamma und Lambda die Gestalt C und Ɩ giebt, eben auch nur das chalkidische sein, was mit der oben begründeten Annahme von der Herkunft des etruskischen und der übrigen italischen Alphabete, wie auch nicht anders zu erwarten war, sich im Einklang befindet. Es kann dagegen nicht geltend gemacht werden die eigenthümliche und allerdings nur hier begegnende Form, welche das *m* und *n* auf dem Exemplar von Caere zeigen (ᴍ und ᴍ); denn nicht nur bietet das andere von Siena die zu jener in naher Beziehung stehende ᴎ und ᴎ, welche eben diejenige ist, in der diese Zeichen auf den älteren cumanischen Inschriften auftreten, und sodann sind Abweichungen in der Form gerade dieser Buchstaben nirgend für den Charakter eines Alphabets wesentlich bestimmend, sondern höchstens Merkmale einer zeitlich bestimmten Entwickelungsperiode der Schrift, welche in dieser Hinsicht in ziemlich allen Alphabeten dieselben Phasen durchlaufen hat. Ebensowenig spricht gegen die Identificirung mit dem chalkidischen Alphabete der im Übrigen recht merkwürdige und wichtige Umstand, daſs das fragliche Alphabet auſser den in der Tafel dargestellten Zeichen noch zwei weitere aufweist, von deren Verwendung im Schriftgebrauche sich auf chalkidischen Inschriften keine Spur findet, von denen das erste aber auch auf keinem anderen Denkmale, das in diese Categorie gehört, sich nachweisen läſst. Zwischen dem *v* und dem *o* haben nämlich beide Exemplare übereinstimmend das Zeichen ⊞, zwischen π und ρ das von Caere (das von Siena bricht, wie oben bemerkt, schon mit dem *o* ab) ein ᴎ. Ersteres steht an der nämlichen Stelle, welche im phoenikischen Mutteralphabete das Samech einnimmt und nach der Tradition des ionischen und gemeingriechischen Alphabets das Ξ oder ╫ in den Alphabeten der östlichen Reihe eingenommen hat. Die Identität der Zeichen ist um so weniger zu bezweifeln, als Ξ und ╫ sich als offenbare Vereinfachungen des complicirteren ⊞ auf den ersten

Blick darstellen. Die östlichen Alphabete verwenden ihr Ξ oder
Ⱶ zur Bezeichnung des ξ, was von dem vorliegenden nicht angenommen werden kann, da dasselbe in dem + ein besonderes Zeichen für diesen Laut in Übereinstimmung mit allen übrigen Alphabeten derselben Reihe besitzt. Da nun nirgend sich die geringste
Spur von einer Verwendung des Zeichens in anderer Bedeutung im
eigentlichen Schriftgebrauche auf dieser Reihe angehörigen Denkmälern zeigt, so muſs angenommen werden, daſs, wie das Vau
(Stigma) und Koppa im ionischen Alphabete sich lange nachdem
sie aufgehört hatten in der Schrift als Buchstaben verwendet zu
werden, in der Reihe des Alphabets als Zeichen fest erhalten haben,
um erst ganz spät als Zahlzeichen wieder in lebendigen Gebrauch
genommen zu werden, so auch in diesem Alphabete, das darum
nicht aufhört ein chalkidisches zu sein, wenigstens das ⊞ nicht
als Buchstabe, sondern lediglich als Zeichen, das mit dem alten
Bestande überkommen war, aber als überflüssig im Gebrauche
ruhte, aufgeführt wird. Ähnlich verhält es sich mit dem zweiten
der überflüssigen Zeichen, welches mit Mommsen unbedenklich als
eine vielleicht absichtliche Verstümmelung des M zu betrachten ist,
welches die etruskischen Alphabete an derselben Stelle zeigen und
welches auch das Exemplar von Siena, wenn es vollständiger erhalten wäre, ohnfehlbar gleichfalls bieten würde, da es n nicht, wie
das caeritische, durch M, sondern Ʌ bezeichnet. Jenes M entspricht
dem Zade des phoenikischen Mutteralphabets und gehört zum Ur-
bestande auch der griechischen, da die meisten von ihnen, wenn
nicht alle, den Zischlaut der griechischen Sprache ursprünglich damit bezeichnet haben und erst später zum ξ übergegangen sind.
Von einer Verwendung des M neben dem ξ findet sich in griechischen Inschriften keine Spur und es kann nur angenommen werden,
daſs, so lange man den Zischlaut mit M bezeichnete, das ξ im Gebrauche ruhte, aber in der Reihe des Alphabets erhalten blieb, und
umgekehrt, nachdem man zum ξ übergegangen war, das nun überflüssig gewordene M wenn auch nicht auf die Dauer (wie es denn
aus dem ionischen Alphabete gänzlich verschwunden ist), so doch
eine Zeit lang in der Reihe sich noch behauptet hat. Es kann
folglich das Auftreten desselben in der Reihe eines chalkidischen
Alphabets nicht auffallen, mag es nun zur Zeit der Aufzeichnung
desselben noch als Buchstabe Geltung gehabt haben, oder das ξ
bereits im Gebrauche an seine Stelle getreten gewesen sein; wir
dürfen es, wie in allen griechischen Alphabeten, so auch im chal-

kidischen, als ursprünglich vorhanden voraussetzen und von den abgeleiteten Alphabeten bezeugen, wie schon oben bemerkt worden
ist, das etruskische und umbrische, dafs diese Voraussetzung nicht
trügt, wenn auch die wenigen erhaltenen Inschriften sämmtlich aus
einer Zeit stammen, zu der es bereits antiquirt und ⌇ in seine Functionen getreten war.

Diese beiden Zeichen beweisen also nichts gegen den Charakter
des Alphabets als eines chalkidischen, sie bereichern nur unsere
Kenntnifs vom Bestande desselben aufserhalb des eigentlichen Schrift
gebrauches. Bedenken aber könnte es erregen, dafs vom Koppa
sich keine Spuren zeigen, welches doch nach dem Zeugnifs des
lateinischen Alphabets und der Inschriften, namentlich der Vasen,
im Schriftgebrauche des chalkidischen Alphabets zu einer gewissen
Zeit sich eines regelmäfsigen und ausgedehnten Gebrauches erfreut
hat und im Alphabete als vorhanden unbedingt vorausgesetzt werden mufs. Dieser Umstand läfst indessen eine doppelte Erklärung
zu. Das Koppa ist als ein im Grunde überflüssiger Buchstabe in
den meisten griechischen Alphabeten früher oder später aufser Gebrauch gekommen; wenn es also auch zu der Zeit, wo das lateinische und, wie ich hinzufüge, das etruskische Alphabet aus dem
chalkidischen sich abzweigte, und später noch zur Zeit der Inschriften ein Koppa nicht nur im Alphabete der campanischen Griechen
gab, sondern dieses Zeichen auch in der Schrift allgemeine Verwendung fand, so hindert doch nichts anzunehmen, dafs es auch
hier später in Abnahme gekommen und aus dem Gebrauche verschwunden sei und dafs die Aufzeichnung des Alphabets von Caere
(das von Siena ist leider auch hier unvollständig) in eine solche
spätere Zeit gehöre, in der das Koppa schon nicht mehr im Gebrauche war, eine Annahme, die aus der Beschaffenheit des Alphabets im Ganzen und Einzelnen nicht als unmöglich oder unzulässig
erwiesen werden kann. Freilich sollte man der Analogie nach auch
in diesem Falle wenigstens das Zeichen in der Reihe des Alphabets anzutreffen erwarten, so gut wie das ⊞ und M; allein es erscheint unzulässig in diesen Dingen völlige Consequenz zu verlangen oder vorauszusetzen. Auch das ionische Alphabet hat zwar
die Zeichen des Vau und Koppa, nachdem sie aufgehört hatten als
Buchstaben verwendet zu werden, in der Reihe des Alphabets beibehalten, aber doch das M, das sich in dem nämlichen Falle befand, aufgegeben; etwas Ähnliches für das chalkidische anzunehmen
kann nicht verwehrt werden. Die einzelnen Zeichen kamen zum

Theil zu sehr verschiedenen Zeiten aufser Gebrauch und die Grundsätze der Behandlung konnten zu verschiedenen Zeiten verschiedene
sein; die Verwendung aber der Buchstabenzeichen zugleich als Zahlzeichen, welche, wenn bereits früh adoptirt, allerdings den Wegfall
irgend eines Zeichens, selbst wenn es als Buchstabe nicht mehr galt,
hätte verhindern müssen, ist bei den Griechen erst in verhältnifsmäfsig später Zeit in Gebrauch gekommen. Ich halte es darum
für wenigstens möglich, dafs das chalkidische Alphabet, als das
Koppa aufhörte in der Schrift gebraucht zu werden, auch das Zeichen auswarf, und dafs die vorliegende Alphabetreihe aus der Zeit
nach erfolgter Auswerfung desselben stammt. Wem dies nicht
glaublich erscheint, der mag meinetwegen annehmen, dafs das Zeichen durch eine blofse Nachlässigkeit des Schreibers übergangen
worden sei, der kein Grieche, sondern ein Etrusker war, und dem
ein derartiger Fehler um so eher zuzutrauen wäre. Ich will zwar
nicht behaupten, dafs diese Auffassung durch das Vorkommen des
Koppa in dem etruskischen Syllabarium des Gefäfses von Caere
eine besondere Stütze erhalte, allein da auf diesen Umstand die
oben aufgestellte Behauptung, dafs auch das etruskische Alphabet
in früherer Zeit das Koppa gekannt und als Buchstaben verwendet
habe, wenn nicht ausschliefslich, doch vornehmlich sich gründet, so
kann ich es nicht vermeiden auch auf diesen Punkt näher einzugehen. Es kommt mir nämlich darauf an festzustellen, dafs zwischen dem Mangel des Koppa im späteren etruskischen Alphabete
und dem Fehlen desselben in dem griechischen des Galassischen
Gefäfses kein ursächlicher Zusammenhang Statt finde.

Mommsen hat zum Theil im Anschlufs an Lepsius erwiesen, dafs
das um den Bauch des Gefäfses laufende Syllabarium ein etruskisches,
nicht griechisches ist, und es wahrscheinlich gemacht, dafs folgende als
die vom Schreiber beabsichtigte Anordnung desselben zu betrachten sei:

$$ci \quad ca \quad cu \quad ce$$
$$vi \quad va \quad vu \quad ve$$
$$zi \quad za \quad zu \quad ze$$
$$hi \quad ha \quad hu \quad he$$
$$\vartheta i \quad \vartheta a \quad \vartheta u \quad \vartheta e$$
$$mi \quad ma \quad mu \quad me$$
$$ni \quad na \quad nu \quad ne$$
$$pi \quad pa \quad pu \quad pe$$
$$ri \quad ra \quad ru \quad re$$
$$si \quad sa \quad su \quad se$$

ti   ta   tu   te

$\chi^i \; \chi^a \; \chi^u \; \chi^e$

$\varphi^i \; \varphi_a \; \varphi_u \; \varphi_e$

Die Form der Zeichen ist die des auf der Basis eingekratzten griechischen Alphabets, die Auswahl derselbed aber, sowohl was die Vocale, als was die Consonanten betrifft, so getroffen, daſs nur solche Zeichen in Betracht gezogen erscheinen, welche der etruskische Schriftgebrauch recipirt hatte. Für die Anordnung ist die alphabetische Reihenfolge der Consonanten maſsgebend gewesen. Indessen erscheinen nicht alle Consonanten, welche das Etruskische im Gebrauch hat; es fehlen Ⴑ, M, ⴲ und 8. Dafür tritt das in dem griechischen Alphabete fehlende und nur auf den ältesten etruskischen Inschriften vereinzelt vorkommende Q auf, aber nicht an der Stelle, welche es als Koppa einnehmen müſste, sondern am Schlusse hinter dem Y, also an der Stelle, welche im etruskischen Alphabete das 8 einnimmt. Diese Abweichungen von der strengen Ordnung und diese theilweise Unvollständigkeit sucht Mommsen zu rechtfertigen, indem er annimmt, ⴲ sei deswegen übergangen, weil es von den Etruskern nur selten und meist in Fremdnamen gebraucht zu werden pflege, Ⴑ und M, weil sie den Etruskern nicht als Consonanten, sondern als Halbvocale gegolten hätten, das 8 aber sei in dem Q zu suchen, welches Zeichen nicht etwa als Koppa zu nehmen, sondern als ältere, später erst durch 8 verdrängte Form zu betrachten sein möge. Ich kann diese Auffassung aber nicht für haltbar anerkennen. In Ansehung des ⴲ mag freilich Mommsen Recht haben, nicht so, was das Ⴑ und M betrifft. Denn der theoretische Unterschied zwischen Consonanten, Vocalen und Halbvocalen lag jedenfalls auſserhalb des Bewuſstseins des Schreibers und seiner Zeit, und der praktische würde für die Construction des Syllabariums nur dann von Bedeutung haben sein können, wenn im Etruskischen Ⴑ und M keine Verbindungen mit Vocalen eingingen, was doch nicht der Fall ist. Ich kann also das Fehlen der Zeichen im Syllabarium nur als ein rein zufälliges und nicht beabsichtigtes ansehen. Nicht zufällig aber, sondern ganz in der Ordnung ist, daſs das etruskische 8 nicht vorkommt. Denn da der Schreiber des Syllabariums demselben ein griechisches, nicht etruskisches Alphabet zu Grunde gelegt hat, so sind wir gar nicht berechtigt die Berücksichtigung eines specifisch etruskischen, dem griechischen Alphabete völlig fremden Zeichens zu erwarten und nur die Übergehung solcher Zeichen darf auffallen, die im griechischen Alphabete vorhanden waren und von den Etruskern verwendet wurden, wie Ͱ, Μ und Φ. Schon aus diesem Grunde ist es unzulässig, dem Zeichen Ϙ einen anderen Werth beizulegen, als den, welchen das in der Gestalt entsprechende des griechischen Alphabets hat; wir müssen uns entschliefsen, dasselbe als Koppa gelten zu lassen. Wie bemerkt, erscheint es zwar nur vereinzelt auf älteren etruskischen Inschriften im Gebrauch, nichts aber hindert es auch hier überall als Koppa zu fassen und anzunehmen, dafs es als überflüssig, wie in so vielen griechischen Alphabeten, auch im etruskischen allmälig ganz aufser Gebrauch gekommen sei. Auffällig ist allein, dafs, während doch das Syllabarium im Übrigen die alphabetische Reihenfolge einhält, die Reihe ϙι ϙα ϙυ ϙε nicht da, wo sie hiernach erwartet werden müfste, zwischen dem π und ρ eingefügt, sondern aufserhalb der Reihe gleichsam nachträglich hinzugefügt am Schlusse, also, aber freilich ganz zufällig, da, wo im etruskischen Alphabete das 8 seine Stelle hat, erscheint. Es hängt dies wahrscheinlich mit dem Umstande zusammen, dafs das Zeichen Ϙ in der zu Grunde gelegten Alphabetreihe ausgelassen ist, insofern sich daraus auf das allereinfachste erklärt, dafs auch im Syllabarium an der betreffenden Stelle die entsprechende Reihe übergangen werden konnte. Die Hinzufügung der ausgelassenen Reihe am Schlusse aber charakterisirt sich einfach als ein nachträglicher Zusatz, welcher vom Schreiber gemacht wurde, weil er die Auslassung noch früh genug bemerkte, um sie, wenn auch nun nicht mehr an der gehörigen Stelle, nachholen zu können. Hierin liegt zugleich der Beweis, dafs das Fehlen des Ϙ im Alphabete, welches den Fehler im Syllabarium und seine nachträgliche Berichtigung bedingte, als ein rein zufälliges, vom Schreiber selbst als Versehen später erkanntes zu betrachten ist.

Obwohl also, wie ich gezeigt zu haben glaube, auch unter der Voraussetzung, dafs das Fehlen des Koppa im Alphabete nicht auf einer blofs zufälligen Nachlässigkeit des Schreibers beruht, in diesem Umstande keine Berechtigung gefunden werden könnte, den aus anderen Umständen mit Sicherheit erschlossenen chalkidischen Ursprung des Alphabets in Zweifel zu ziehen, so neige ich mich doch aus dem eben angeführten Grunde der Annahme zu, dafs jener Mangel allerdings als ein rein zufälliger zu betrachten ist, und meine also, dafs, für welche von den beiden aufgestellten Möglichkeiten man sich auch entscheiden möge, der chalkidische Charakter des Alphabets als erwiesen und vollkommen sicher gestellt gelten darf.

Die Bedeutung des Denkmals für die vorliegende Untersuchung be
steht aber weniger hierin, als darin, dafs es uns zwei wichtige
Thatsachen kennen lehrt, über welche die vor ihm besprochenen
keinen Aufschlufs gewährten, den überhaupt nur ein Denkmal dieser Art gewähren konnte. Wir lernen nämlich durch das Zeugnifs dieses Alphabets erstlich, dafs das Zeichen ⊞ ⚌ Ξ oder ⧲
auch den Alphabeten der zweiten Gruppe als Zeichen nicht fremd
war, wenn es auch als Buchstabe keine Verwendung fand und daher
auf Inschriften nicht vorkommt, und wir vergewissern uns zugleich
mit seiner Hülfe der Stelle, welche die nicht phoenikischen Zeichen
X Φ Ψ im chalkidischen und vermuthlich in allen Alphabeten dieser zweiten Reihe einnahmen, so wie der Ordnung, in der sie auf
einander folgten. Obgleich diese Thatsachen erst am Schlusse der
ganzen Untersuchung haben festgestellt werden können, so habe ich
doch kein Bedenken getragen sie schon im Voraus bei der Anordnung der Alphabetreihen auf der beigegebenen zweiten Tafel in
Anschlag zu bringen, da diese Vorwegnahme einer erst später abzuleitenden Thatsache auf den Gang der Untersuchung im Übrigen
ohne allen Einflufs geblieben ist und sie nirgend die Grundlage des
Beweises für irgend eine der aufgestellten Behauptungen abgegeben
hat, als eine *petitio principii* also in keinem Falle betrachtet werden kann. Dasselbe gilt von der stillschweigend gemachten Voraussetzung, auf der die Construction der Alphabetreihen der ersten
Tafel beruht, dafs nämlich die Stellung und Anordnung der fraglichen Zeichen in den Alphabeten der dort dargestellten östlichen
Gruppe diejenigen gewesen seien, welche wir als die ihres vornehm-
sten Gliedes, des Alphabets der kleinasiatischen Ioner, aus der
späteren Tradition desselben und des mit ihm identischen gemeingriechischen Alphabets zur Genüge kennen: eine Annahme, deren
Richtigkeit mir eines Beweises nicht zu bedürfen scheint und von
der man zugeben wird, dafs sie unbedenklich erst hier am Schlusse
hat ausgesprochen werden können, da die Feststellung aller sonstigen Thatsachen ganz unabhängig von ihr sich hat bewerkstelligen
lassen.

———

Nachdem ich im Vorstehenden die Darlegung des Thatbestandes,
wie er sich aus dem bis jetzt zu Gebote stehenden inschriftlichen
Materiale ergiebt, zum Abschlusse gebracht habe, bleibt mir nur
übrig die Ergebnisse kurz zusammenzufassen, welche damit für

unsere Kenntnifs der Entwickelungsgeschichte der griechischen
Alphabete gewonnen zu sein scheinen. Ich werde diese Darstel-
lung um so kürzer fassen können, als die grundlegenden Unter-
suchungen ausführlich gewesen sind und im Folgenden nichts als
Resultat wird dargestellt werden, das sich aus den gewonnenen
Praemissen nicht als nothwendige Folgerung von selbst ergäbe,
oder nicht als selbstverständlich und keines Beweises bedürftig in
Anspruch genommen werden dürfte. Es wird genügen, wenn das
Gewisse und Unzweifelhafte von dem blos Wahrscheinlichen oder
Möglichen getrennt gehalten und das Unsichere und unserer Kennt-
nifs sich vorläufig völlig entziehende als das was es ist bestimmt
bezeichnet wird.

Die griechischen Alphabete sind Modificationen und zum Theil
individuelle Weiterbildungen eines und desselben Uralphabets, das
aus dem phoenikischen von 22 Zeichen abgeleitet ist. Diese Zeichen sind vollständig ohne irgend eine Auslassung in derselben
Ordnung, und zwar, so weit wir sehen können, etwa in folgender
Gestalt herübergenommen worden:

1 2   3   4 5 6 7 8 9 10 11 12 13 14 15 16 17 18 19 20 21 22

Ⱥ 𐤁 𐤂 𐤃 △ Ⅎ 𐤆 Ⅱ 𐤇 ⊗ 𐤉 𐤊 𐤋 𐤌 𐤍 ⊞ Ο 𐤐 M 𐤒 𐤓 T

wie denn auch die linksläufige Richtung der Schrift anfänglich beibehalten worden ist. Einem Theile der Zeichen ist aber theils unmittelbar bei der Reception theils später im Laufe einer individuellen Entwickelung ein von dem phoenikischen verschiedener Werth
beigelegt worden, da das Alphabet den lautlichen Bedürfnissen einer
wesentlich verschiedenen Sprache anzupassen war. Das erste Bedürfnifs, welches sich ohne Zweifel gleich anfänglich geltend machte,
war für die Vocale besondere Ausdrücke zu gewinnen, welche das
Mutteralphabet eben nicht darbot. Man gewann sie, indem man die
vom Standpunkt des Griechischen überflüssigen Zeichen 1, 5, 10,
16 zur Bezeichnung der ihren Lauten gewissermafsen inhaerirenden
Vocale a, e, i, o verwendete. Da ein Bedürfnifs die Länge und
Kürze der Vocale auch äufserlich im Zeichen zu unterscheiden anfänglich nicht fühlbar hervortrat, so genügten diese Zeichen auf
lange Zeit; 5 und 16 übernahmen sogar die Functionen der Diph-
thonge ει und ευ. Erst sehr spät und ganz allmälig gewöhnte man
sich den Laut der letzteren durch die Verbindung zweier Vocalzeichen auszudrücken, eine Bezeichnungsweise, welche sogar erst einige
Decennien nach der allgemeinen Reception des ionischen Alphabets
zu vollständiger und consequenter Durchführung gelangte und mit

der die Ausgestaltung des gemeingriechischen Alphabets ihren eigentlichen Abschluſs erreichte. Sehr viel früher, sicher schon vor der 40. Olympiade, machte sich im Osten der griechischen Welt das Bestreben geltend langes und kurzes *e* zu unterscheiden, und man begann in diesen Gegenden das Zeichen 8 zum Ausdruck des langen *e* zu verwenden, während dem Zeichen 5 die Functionen des kurzen *e* und des Diphthongen belassen wurden. Nach einigen Schwankungen gelangte diese Bezeichnungsweise, in Folge deren der rauhe Hauch seinen Ausdruck in der Schrift einbüſste, im ionischen Alphabete zur Herrschaft, während die übrigen mit sehr geringen Ausnahmen bei der älteren Praxis verharrten, die in dieser und anderen Hinsichten erst durch die allgemeine Annahme des ionischen Alphabets endgültig verdrängt wurde. Etwas später, etwa um die Mitte des sechsten Jahrhunderts vor unserer Zeitrechnung, gab das lebhaft empfundene Bedürfniſs einer Unterscheidung des langen und kurzen *o* in der Schrift an verschiedenen Punkten derselben Gegenden zu einer abermaligen Neuerung Veranlassung. Von den verschiedenen Methoden, welche versucht wurden, gelangte die der Ioner zugleich mit ihrem Alphabete später zu allgemeiner Geltung; sie gewannen durch Differenzirung aus dem alten Zeichen O, welchem die Bedeutung *o* und *ov* belassen wurde, ein neues, Ω, welches die Bestimmung erhielt, zur Bezeichnung des langen *o* zu dienen und seine Stelle am Ende der ganzen mit ihm zum Abschluſs gebrachten Alphabetreihe angewiesen bekam. — Für die Bezeichnung des fünften Vocales *u* (*v*) war man zunächst auf das Zeichen 6 angewiesen; da aber die ältere Sprache allgemein consonantisches und vocalisches *u* noch unterschied, so führte dies mit Nothwendigkeit zur Erfindung eines neuen Zeichens, des Y oder V, als Ausdruck des Vocales, das seine Stelle am Ende der geschlossenen Reihe der phoenikischen Zeichen erhielt. Wir kennen kein griechisches Alphabet, welches dieses Zeichen nicht enthielte und also nicht wenigstens aus 23 Zeichen bestände, und ich halte es aus diesem und anderen Gründen für höchst wahrscheinlich, daſs die Erfindung und Hinzufügung des *v* der Reception der phoenikischen Buchstabenschrift in Griechenland gleichzeitig ist und vom Standpunkte des griechischen Alphabets dieses Zeichen für eben so alt als die übrigen 22 des Uralphabets gelten muſs, von welchem ich hiernach annehme, daſs es aus 23 Zeichen bestanden hat und (von Kleinigkeiten abgesehen, welche als Neuerungen einer späteren Zeit zu betrachten sind) im Wesentlichen nicht verschieden ist von dem, welches auf den ältesten Inschriften von Thera und Melos uns entgegentritt.

Den Reichthum an Sibilanten, durch den das phoenikische Alphabet sich auszeichnete (7, 15, 18, 21), vermochte das griechische, abhängig in dieser Beziehung von den Lautverhältnissen der Sprache, nicht zu verwerthen. Zwar das I war leicht untergebracht: es erhielt vermuthlich schon im Uralphabet die Bestimmung als Zeichen eines der griechischen Sprache eigenthümlichen Doppelconsonanten zu dienen und hat diese seine ursprüngliche Stellung auch späterhin behauptet; es blieb der einfache Zischlaut übrig, in den die drei anderen Sibilantenzeichen sich zu theilen hatten. Anfangs bezeichnete man ihn, wie es scheint, allgemein durch das M und liefs die beiden übrigen vorläufig ruhen; später aber, doch lange vor der Reception des ionischen Alphabets, ging man eben so allgemein vom M zum Σ oder (wie man anfänglich das Zeichen in abgekürzter Form zu schreiben liebte) S über, in Folge wovon das überflüssig gewordene M allmälig gänzlich aus dem Alphabete geschwunden ist. Das ⊞ entging dem gleichen Schicksale nur dadurch, dafs das zur Alleinherrschaft in späterer Zeit bestimmte ionische Alphabet schon sehr früh dieses Zeichen (als Ξ oder ⋈) willkürlich zum Ausdruck des zusammengesetzten Lautes ξ verwendete, welcher Vorgang im engsten Zusammenhange mit der Erweiterung des ursprünglichen Bestandes der phoenikischen Zeichen steht, von der weiter unten die Rede sein wird. Auch das Koppa, anfänglich ganz allgemein neben dem Kappa namentlich in Consonantenverbindungen und vor den Vocalen o und u verwendet, wurde später in den meisten Alphabeten als im Grunde überflüssig aufgegeben und erhielt sich im gemeingriechischen Alphabete nur in der Geltung eines Episemon. Dasselbe gilt von dem Vau, dessen Laut, anfänglich so fest, dafs man, statt seine Bezeichnung aufzugeben, lieber ein ganz neues Vocalzeichen erfand, später in den verschiedenen Dialekten unter verschiedenen Umständen und zu verschiedenen Zeiten allmälig gänzlich ausstarb, obwohl er die Reception des ionischen Alphabets, in dem er wohl am allerfrühesten das Zeichen verwaist hatte, in einigen Gegenden noch um ein Namhaftes überlebte. Das verwaiste und als Buchstabe überflüssig gewordene Zeichen fand als Episemon eine andere Verwendung.

Die sonstigen Veränderungen, welche im Laufe der Zeit innerhalb des Bereiches der 23 Buchstaben des Uralphabets vorgegangen sind, betreffen lediglich die Form der Zeichen und sind fast ohne

Ausnahme von keiner wesentlichen Bedeutung. In Folge der allmälig sich vollziehenden und gegen den Anfang des fünften Jahrhunderts überall durchdringenden Wendung der Schrift aus der ursprünglichen linksläufigen in die rechtsläufige Richtung änderte sich
zunächst zwar nur die Stellung der Buchstaben; allein bei länger
andauerndem und sich allgemeiner verbreitendem Gebrauche der
Schrift nahm der anfangs schwankende und unbestimmte Charakter
der einzelnen Zeichen eine regelmäfsigere und fester ausgeprägte
Gestalt an; die Formen der Buchstaben schliffen sich ab und wurden hin und wieder zum Theil vereinfacht, wie dies z. B. am Iota
recht deutlich hervortritt. Es entstanden auf diese Weise in den
Zeiten des Überganges bis zur völligen Setzung des Schriftcharakters mannigfache individuelle Gestaltungen, welche meist von nur
vorübergehender Geltung und für keins der Einzelalphabete von
unterscheidender und specifischer Bedeutung sind: sie charakterisi-
ren viel mehr die Zeit, in der sie in Geltung waren, als dafs sie
an einem bestimmten Lokale hafteten, und wenige dieser Formen
haben darum eine ausschliefslich landschaftliche Geltung, wie z. B.
das korinthische Γ und Β, das attisch-boeotisch-chalkidische Ⱶ und
das argivische Ⱶ.

Dieses ältere Alphabet von 23 Zeichen genügte aber in seinem
Bestande auf die Dauer nicht dem Bedürfnisse, da es eine vollständige und consequente Darstellung des griechischen Lautsystems nicht
enthielt. Nur die Reihe der Zungenlaute war vollständig vertreten;
der Reihe der Lippen- und Gaumenlaute fehlten die Aspiraten. Auch
neigte das griechische Ohr dazu, die Verbindungen der Mutae mit
dem nachfolgenden Sibilanten als einen einheitlichen und untheil-
baren Laut aufzufassen, der eine entsprechende Darstellung ver-
langte. Für die Verbindung eines Zungenlautes mit dem Zischlaute
hatte das Ι neben anderen diese Function übernommen; für die
der Lippen- und Gaumenlaute fehlten die Zeichen. Anfänglich wufste
man sich zu behelfen, indem man die Lippenaspirata durch πh, die
Gaumenaspirata durch κh bezeichnete und jene Verbindungen durch
Nebeneinanderstellung ihrer lautlichen Bestandtheile (κσ und πσ,
später χσ und φσ) ausdrückte, wie dies die Inschriften von Thera
und Melos zeigen; später beseitigte man diese unbeholfene Aus-
drucksweise und erweiterte den Bestand des Alphabets, indem man
die drei neuen Zeichen Χ (+) Φ Ψ (Υ) erfand welche im Alphabete hinter dem Υ ihre Stelle erhielten. Diese Erweiterung mufs
in sehr früher Zeit Statt gefunden haben, da wir aufser dem Alpha-

bet von **Thera** und **Melos** kein einziges griechisches Alphabet ken
nen, das diese neuen Zeichen nicht bereits in sich aufgenommen
hätte. In Bezug auf Anordnung aber und Werthung dieser neuen
Zeichen gehen die Alphabete weit auseinander und sondern sich in
zwei grofse deutlich unterschiedene Gruppen, von denen die erste,
welche den Osten befafst und nur im korinthischen und argivischen
Alphabet nach dem eigentlichen Hellas hinübergreift, Φ X Ψ ordnet,
X als χ und Ψ in dem Werthe von ↓ verwendet und den Laut
des ξ durch das altphoenikische, in der Reihe zwischen ν und ο
stehende Zeichen Ξ (oder ⧲) bezeichnet, während die zweite, vorwiegend aus dem eigentlichen Hellas und seinen westlichen Colonien angehörigen Alphabeten bestehende, dieses letztere Zeichen als
⊞ zwar in der Reihe, aber nicht als Buchstaben kennt, das X dem
Φ voranstellt und in dem Werthe von ξ verwendet, mit dem Ψ
dagegen das χ bezeichnet und für den Laut des ↓ ziemlich allgemein den alten Ausdruck φσ zu gebrauchen fortfährt; nur ein einziges Alphabet dieser Gruppe, das lokrische, zeigt bis jetzt einen
besonderen Buchstaben für ↓, ✳, welcher auch augenscheinlich
durch Differenzirung gewonnen ist und keine sehr alte Erfindung
sein dürfte. Eine mittlere Stellung, obwohl der östlichen Gruppe
nahe verwandt, nehmen Alphabete ein, die, wie das naxische und
attische, zwar die Zeichen Φ und X, letzteres als χ, aufgenommen
haben, aber ξ und ↓ nicht durch besondere Zeichen, sondern in
alter Weise durch χσ und φσ ausdrücken, also die Zeichen Ξ und
Ψ wenn auch vielleicht kennen, doch nicht gebrauchen, ähnlich wie
aus der anderen Gruppe das boeotische das Zeichen ✛ im Werthe
von ξ zwar kennt und einzeln verwendet, daneben aber jenen Laut
auch durch χσ auszudrücken bis zuletzt nicht aufhört.

Da nun die neuen Zeichen X Φ Ψ, trotz ihrer zum Theil grund-
verschiedenen Bedeutung und abweichenden Anordnung, dennoch in
beiden Gruppen augenscheinlich der Form nach identisch sind und
dies unmöglich zufällig sein kann, so müssen wir annehmen, dafs
sie, wahrscheinlich gleichzeitig, jedenfalls aber an einem Punkte
ursprünglich zuerst erfunden sind und von da sich verbreitet haben,
folglich, da den in verschiedener Werthung gebrauchten eine doppelte Bedeutung nicht gleich von Anfang an kann beigelegt worden
sein, die eine dieser Bedeutungen die ursprüngliche, die andere die
durch willkürliche Änderung erst später entstandene ist. Da ferner
die abweichende Folge des Φ und X in den Alphabeten der verschiedenen Gruppen mit diesem Wechsel der Bedeutung des X offen-

bar in einem ursächlichen Zusammenhang steht, so läfst auch diese
Abweichung sich nur so erklären, dafs die eine Ordnung als die
ursprüngliche, die andere als die abgeänderte und secundäre betrachtet wird. Die Frage ist nur, welche von beiden Gruppen als diejenige zu gelten hat, die den ursprünglichen Zustand am treuesten
darstellt, die östliche oder. die westliche.

Ich bin nun zwar der Meinung, dafs die Frage zu Gunsten der
letzteren wird entschieden werden müssen, sowohl aus anderen
Gründen, als auch vornehmlich defshalb, weil, wie ich zu sehen
glaube, die Zeichen Ψ und + im lykischen Alphabete das erstere
einen Gaumen- das letztere einen Zischlaut vertreten, was zu der
Annahme nöthigt, dafs, als das lykische Alphabet aus dem ionischen
abgeleitet wurde, die Zeichen Ψ und + den Werth von χ und ξ,
nicht ψ und χ, hatten und die Ableitung folglich geraume Zeit vor
Ol. 40 erfolgt ist; allein ich sehe mich bei der Schwierigkeit des
Gegenstandes, der ohne Kenntnifs der orientalischen Sprachen, welche mir abgeht, sich nicht auf das Reine bringen läfst, aufser
Stande diese letzte entscheidende Thatsache zu völliger Evidenz
zu bringen. Da nun den sonstigen Gründen für das behauptete
Verhältnifs beider Reihen zu einander sich andere scheinbare ent-
gegenstellen lassen, welche, wenn man von jener entscheidenden
Thatsache absieht, die Entscheidung schwankend machen könnten,
so ziehe ich es vor auf einer vorläufig mir unsicheren Grundlage
nicht weiterzubauen und die Erledigung dieser, wie aller anderen
von ihr abhängigen Fragen so lange zu vertagen, bis über den angedeuteten Punkt völlige Sicherheit gewonnen sein wird.

Nachträge.

S. 4 ff. Ausführlicher behandelt die Inschrift von Halikarnassos Hr. Newton selbst in der später erschienenen zweiten Abtheilung des Textbandes S. 671 ff. Er setzt sie um 445 v. Chr.,
was mit meinem Ansatze so ziemlich stimmt, aber aus Gründen,
welche ich nicht für stichhaltig erachten kann. Es ist indessen hier
nicht der Ort näher auf diesen Punkt einzugehen, so wenig wie auf
die Abweichungen seiner Ergänzung und Erklärung von der meini-
gen in den Stellen, welche ich für meine Zwecke auszuheben mich
veranlafst sah. Dagegen darf ich wohl auf die Übereinstimmung in

manchen wesentlichen Punkten mich berufen, in der meine Aufstellungen sich mit den Resultaten der mir eben zugehenden Abhandlung Hrn. Sauppe's (Nachrichten von der K. Ges. der Wiss. zu Göttingen. 1863. S. 303 ff.) befinden. Wie ich aus dieser Abhandlung ersehe, ist die oben S. 9 Anm. ** vorgeschlagene Lesung Πακτύης Ἰδυμεύς bereits von Waddington empfohlen worden, was mir unbekannt geblieben war und, damit einem Jeden das Seine werde, hiermit ausdrücklich bemerkt sei.

S. 14. Die Inschrift des Histiaeos, welche sich findet 'on a *fragment in the wall of a house near the Sacred Way*', giebt Hr. Newton genauer so (S. 787. n. 72a):

ΛΙΤϟΙ
ΗΚΕΤΩ
ΩΛΛΟϞ

In der Sache wird dadurch indessen nichts Wesentliches geändert.

S. 16 und S. 24. Von den Inschriften der Statuen am heiligen Wege bei Milet handelt Hr. Newton S. 777 ff. (vgl. S. 547 ff.). Er setzt die Bildwerke wie die Inschriften zwischen 580 und 520 v. Chr., was, wie man sieht, mit meiner oben entwickelten Annahme völlig übereinstimmt.

S. 54. Ein in seiner Art einziges Seitenstück zu dem Fragment von Eremopolis bildet die fünfzehnzeilige, jetzt im Louvre befindliche, Bustrophedoninschrift von Gortyn, welche so eben von Thenon in der *Revue archéologique* 1863 (November) auf Tf. XVI im Facsimile herausgegeben worden ist (vgl. S. 441 ff.) und ohne Zweifel den ältesten der oben angezogenen epigraphischen Denkmäler der Insel gleichzeitig ist, wie dies sowohl die von rechts anhebende furchenförmige Anordnung der Zeilen, als auch die Beschaffenheit des Alphabets beweisen. Es kommen auf ihr folgende Buchstabenzeichen vor:

ΑΒΛΔΕϜ.. ⊕(⊗)ΣΚΓ𐌌Ν.ΟϹ.Ρ𐌌ΤΥ...

von denen die Formen des Iota, My und Sigma für das hohe Alter des Denkmals zeugen. Leider begegnen zufällig keine Ausdrücke irgend welcher Art für ξ und ψ, wogegen der gleichfalls zufällige Mangel des Hauchzeichens, des Zeta und vielleicht auch des Koppa sich verschmerzen liefse. Es ist dies um so mehr zu bedauern, als (was bei der Vorliebe des kretischen Dialektes für die Tenues freilich nicht auffallen kann) auch φ und χ sich nicht finden, während doch das Vorhandensein des ersteren Zeichens im Alphabete dieser Zeit durch das Zeugnifs des Bruchstückes von Eremopolis aufser Zweifel steht. Obwohl also auch durch die neue Inschrift das Verhältnifs des kretischen Alphabets zum kleinasiatischen nicht auf das Reine gebracht wird, so dient sie doch dazu die Geltung eines Zeichens zu bestimmen, welchem oben nicht ohne scheinbaren Grund ein anderer Werth beigelegt worden war. Sie stellt es nämlich aufser Zweifel, dafs das C nicht, wie oben angenommen wurde, eine Nebenform des Ⴍ, sondern diejenige Modification des Γ oder Γ ist, welche für das kretische Alphabet fortan als typisch zu gelten hat. Auch sieht man deutlich, dafs E noch den Laut des langen e vertrat und folglich das ⊟ nur als Hauchzeichen im Gebrauch gewesen sein kann.

S. 60. Der in Aussicht gestellte Abklatsch ist mir durch die gütige Vermittelung der Herren Mommsen und Henzen jetzt zugegangen und ich sehe mich dadurch in Stand gesetzt nach sorgfältiger Untersuchung desselben folgendes mitzutheilen.

Die Höhe der regelmäfsig und mit einem kräftigen Ductus eingeschnittenen Schriftzüge beträgt in allen drei Zeilen übereinstimmend ungefähr 2 Ctm., die Ausdehnung des beschriebenen Raumes, so weit die Spuren zu erkennen sind, eben so gleichmäfsig 53-54 Ctm. Der Charakter der Schrift ist ein so völlig gleichartiger, dafs nicht der mindeste Zweifel darüber bestehen kann, dafs alle drei Zeilen gleichzeitig und von derselben Hand eingehauen worden sind. Die linke Hälfte aller drei Zeilen ist wohl erhalten und auf ihr treten die Zeichen deutlich und unverkennbar hervor, die rechte Hälfte hat durch Corrosion der Oberfläche stark gelitten und die Zeichen werden hier je weiter nach rechts zu desto zweideutiger oder ganz unleserlich. Das Ganze sieht etwa so aus:

ΛDΤϜ ᴹΙƐΩΙΤΩ△ϜΛΛΛ ᴹΥ'ƐΙϜ ⊲//Ͻ///////
Λ ᴤ ⏀ΛΛΙΩᴹΗΤΗΡϜ⊕// ᴤΙ//ΓΩ///Λ//ΤΗD

ΤΩ.ΛDΙΩ.ΩΙΗᴹΛΚ//i///Ο///△ϜΟϜΥΙᴖ

Z. 1 ist die geöffnete Form des Ω in τόδε deutlich und unzweifelhaft, der Rest ꞌ dagegen hinter dem ᴹ täuscht vielleicht, wie denn auch alles Folgende unsicher und nur mit Anstrengung zu erkennen ist. Z. 2 ist in dem ⊕ das Kreuz unsicher, aber der horizontale Querstrich jedenfalls deutlicher, namentlich auf der Rückseite, als der vertikale. Die Lücke zwischen I und Γ (welches

ober ein Γ als ein ρ zu sein scheint) läfst nichts erkennen, ist aber
zu gering, als dafs mehr als ein Buchstabe darin gestanden haben
könnte. Dafs das folgende Ω nach unten geöffnet war, scheint
sicher. Z. 3 fafste die Lücke zwischen dem deutlichen Κ und dem
ganz undeutlichen Λ wenigstens fünf, auf keinen Fall aber mehr als
- sechs Buchstaben, so dafs die Ergänzung Κ[ολα'τεω, ου ν]άϛ schon
aus diesem Grunde unbedingt zu verwerfen ist. Das hinter der
Lücke folgende Zeichen war auf keinen Fall ein Λ; der Abklatsch
zeigt den Schimmer eines Δ mit nach unten vielleicht um ein we-
niges überragenden Seitenschenkeln, obwohl in dieser Beziehung der
Anschein täuschen kann. Hinter dem Υ ist eine vertikale rundliche
Vertiefung wahrzunehmen, keine Spur aber von einem rechtwinkligen
Ansatze am oberen Ende derselben.

Hiernach habe ich keine Veranlassung, von meiner Ansicht
über die wahrscheinliche Lesung der dritten Zeile abzugehen, nur
dafs der Name des Künstlers aller Wahrscheinlichkeit nach ein anderer als der vermuthete gewesen ist. Auch die Lesung der zweiten
Zeile bestimmt sich mit einiger Sicherheit; es scheint deutlich, dafs
sie gelautet hat:

'Ατφαλίου μήτηρ, Θε[ρ]σι[π]που [Θυ]γ[α']τηρ.

Dagegen wird sich der Wortlaut der zweiten Hälfte der ersten
Zeile schwerlich mehr ermitteln lassen; es scheint aber gewifs, dafs
in ihr der Name der Weihenden und das Verbum άνέϑηκι oder irgend
eine andere Form desselben gestanden hat.

S. 79 ff. Vor Kurzem sind mir durch Vermittelung meines
Collegen, des Hrn. Professor Hercher, die bereits 1848 in Corfu
gedruckten Bogen eines nicht vollendeten Werkes des verstorbenen
A. Mustoxidi 'Delle cose Corciresi' zu Händen gekommen, auf denen
unter n. LXIX. p. 233, LXXXII. p. 252, LXXXIII. p. 254, LXXXVI.
p. 262, CIII. p. 274, CIV. p. 288 die sämmtlichen im Texte besprochenen archaischen Inschriften von Korkyra nach eigenen Abschriften des Herausgebers mitgetheilt sind. Diese Abschriften geben
zu nachträglichen Bemerkungen keine Veranlassung; interessant aber
ist die nach dem damals im Besitze des Cav. Gangadi befindlichen
Originale unter n. CI. p. 268 gegebene neue Copie des Bruchstückes
C. I. G. 20, durch welche der Text in einigen Punkten berichtigt
wird; merkwürdig auch die sonst nicht publicirte Inschrift einer
silbernen, im Besitze des Ritter Woodhouse befindlichen, Lampe in
boeotischem Dialekt und Alphabet, welche n. LXXVII p. 241 mitgetheilt wird. Da indessen für das Alphabet aus ihr (aufser etwa

der eckigen Form des ϕ, $(\square)$) nichts Neues zu lernen ist, sondern nur Bekanntes durch sie neue Bestätigung findet, so gehe ich hier darauf nicht weiter ein, obwohl die Lesung noch nicht völlig aufs Reine gebracht ist. Vgl. jetzt auch Wachsmuth im N. Rhein. Museum XVIII. S. 537 ff. [Gegenwärtig glaube ich mit dem Bekenntnifs nicht länger zurückhalten zu müssen, dafs ich diese Inschrift von Anfang an für das Erzeugnifs eines Fälschers gehalten habe und noch halte. Die Gründe für diese Ansicht auseinanderzusetzen würde zu weit führen und ist überdem für den vorliegenden Zweck nicht nothwendig; ich behalte mir defshalb vor, auf den Gegenstand an einem andern Orte und bei passenderer Gelegenheit zurückzukommen.]

S. 87. 88. Seit jene Bemerkungen niedergeschrieben wurden, sind die ersten nichtattischen archaischen Inschriften von Euboea an das Licht getreten. Es sind dies die Namenaufschriften der zahlreichen Bleiplättchen, welche in einem Grabe in der Nähe von Styra gefunden wurden und vor Kurzem in der neuen Ἐφημ. ἀρχ. S. 272 ff. (vgl. Taf. 38 und 39) unter n. 245-342 herausgegeben worden sind. Der Charakter der Schrift ist sehr alterthümlich und es scheint mir nicht möglich diese Denkmäler sehr viel unter die 75. Olympiade herabzurücken; es kann sogar sein, dafs sie noch älter sind. Das Alphabet, welches sich in Col. Ia auf der zweiten Tafel noch anbringen liefs, erweist sich, wie zu erwarten stand, als der zweiten Gruppe angehörig und giebt sonst zu keinen besonderen Bemerkungen Veranlassung. Das ς hat aufser den dargestellten noch mannigfaltig abgerundete Gestalten unter den Händen der vielen Schreiber erhalten, welche alle zu verzeichnen ich indessen für überflüssig gehalten habe. Ein Psi hatte das Alphabet nicht, da in Χάρoψ 338. 340 zweimal der Laut durch πσ ausgedrückt wird. Von der Anwendung des Vau findet sich keine Spur, doch darf es in der Reihe vorausgesetzt werden, wie vielleicht auch das Koppa, obwohl Formen wie Ἐπίκουρος 294 Κύκνος 328 schon mit κ geschrieben sind; rein zufällig ist ohne Zweifel das Fehlen des Hauchzeichens Ꙩ. [In einem später erschienenen Hefte derselben Zeitschrift ist S. 301. 302 unter n. 354-376 (vgl. Tf. 45) eine zweite Serie dieser Bleiplättchen veröffentlicht worden. Von diesen liefert n. 357 das vermifste Hauchzeichen, jedoch in der vereinfachten Gestalt, H. Neuerlich ist dann ihre Zahl noch ansehnlich vermehrt worden durch die Mittheilungen von Lenormant im Rheinischen Museum und von W. Vischer in

einer Baseler Gratulationsschrift (Alte Bleiinschriften aus Styra auf
der Insel Euboea. 1867).]

Vergleichen wir dieses Alphabet mit dem der chalkidischen
Colonien in Italien, welches aus ihm abgeleitet sein muſs, so finden
wir diejenige Übereinstimmung zwischen beiden in allem Wesentlichen, welche unter diesen Umständen zu erwarten war. Abgesehen
von der Differenz in der Verwendung des Koppa, welche ohne alle
Bedeutung ist, beschränkt sich der Unterschied darauf, daſs das
Mutteralphabet den Buchstaben Gamma und Lambda die ursprünglichen Formen Γ und Λ bewahrt hat, während im Tochteralphabet
die etwas modificirten Formen C und Ʋ an deren Stelle getreten und
geradezu für dasselbe charakteristisch geworden sind. Es folgt
hieraus mit groſser Wahrscheinlichkeit, daſs diese Modificationen
erst auf italischem Boden sich vollzogen haben und daſs folglich
die Vasen, deren Aufschriften ich nach Dialekt und Alphabet für
chalkidisch in Anspruch genommen habe, weil sie constant Gamma
und Lambda durch C und Ʋ ausdrücken, aus Fabriken der chalkidischen Colonien in Italien herrühren müssen und nicht aus dem
Mutterlande stammen können. Merkwürdig und nicht zu übersehen
ist die Übereinstimmung des Ionismus der Bleiplättchen von Styra
mit dem der in Rede stehenden Vasenaufschriften, wie er oben charakterisirt worden ist; man vergleiche nur Namenformen wie Κριτίη
301 Κιττίης 303 Φειδίης 309 mit 'Αντίης u. a. der Vasen.

S. 91. Die Felsinschrift von Delphi steht jetzt genauer, auch
in Anschung der Gestalt der Buchstaben, bei Wescher-Foucart *Inscriptions recueillies à Delphes.* 1863. p. 304. n. 480. [Noch besser
Annali dell' instit. archeol. 1866. tav. d'agg. A. p. 1 ff.]

S. 108. Als authentische Proben chalkidischer Schrift nehm
ich unbedenklich auch die eingekratzten Aufschriften BIOTϹ
und ꓦARIOϽEMI zweier Vasen der Sammlung des Grafen von
Syrakus in Anspruch, welche im *Bulletino Napol.* VII. p. 136 publicirt worden sind und aus Cumae stammen. Sie lehren zwar
nichts Neues, dienen aber dem bereits Bekannten zu erwünschter
Bestätigung.

Akademische Buchdruckerei.